Öffentliche Bauaufträge

Nationale Vergabeleitlinien kompakt

von

Professor Dr.-Ing. Alexander Malkwitz,

Dipl.-Ing. Christian K. Karl

und

B.Sc. Ramona Jaron

Universität Duisburg-Essen

Oldenbourg Verlag München

Bibliografische Information der Deutschen Nationalbibliothek

Die Deutsche Nationalbibliothek verzeichnet diese Publikation in der Deutschen Nationalbibliografie; detaillierte bibliografische Daten sind im Internet über <http://dnb.d-nb.de> abrufbar.

© 2009 Oldenbourg Wissenschaftsverlag GmbH
Rosenheimer Straße 145, D-81671 München
Telefon: (089) 45051-0
oldenbourg.de

Das Werk einschließlich aller Abbildungen ist urheberrechtlich geschützt. Jede Verwertung außerhalb der Grenzen des Urheberrechtsgesetzes ist ohne Zustimmung des Verlages unzulässig und strafbar. Das gilt insbesondere für Vervielfältigungen, Übersetzungen, Mikroverfilmungen und die Einspeicherung und Bearbeitung in elektronischen Systemen.

Lektorat: Wirtschafts- und Sozialwissenschaften, wiso@oldenbourg.de
Herstellung: Anna Grosser
Coverentwurf: Kochan & Partner, München
Cover-Illustration: Hyde & Hyde, München
Gedruckt auf säure- und chlorfreiem Papier
Gesamtherstellung: MB Verlagsdruck, Schrobenhausen

ISBN 978-3-486-58974-0

Vorwort

Komplexere Ausschreibungsverordnungen haben zu einer ansteigenden Zahl von Fehlern in Ausschreibungsverfahren und zu einer Vielzahl von Streitfragen geführt. Nicht selten müssen Ausschreibungsverfahren revidiert oder gar aufgehoben werden. Es ist für die einzelnen Ausschreibenden schwierig, immer die richtige Vorgehensweise im Ausschreibungsverfahren – auch im rein nationalen Kontext – zu wählen. Daher kam der Gedanke auf, einen Leitfaden zu entwickeln, der als Hilfe im Ausschreibungsverfahren dienen soll.

Am Institut für Baubetrieb und Baumanagement der Universität Duisburg-Essen entstand im Rahmen von Arbeiten an realen Projekten der hier vorliegende Leitfaden für Ausschreibungen, die nach VOB Teil A vorgenommen und im nationalen Kontext vergeben werden. Ein fiktives Fallbeispiel verdeutlicht dabei die Arbeitsschritte und gestaltet den Leitfaden praktikabel. Ziel dieses Leitfadens ist es nicht nur, Fehler im Ausschreibungsverfahren zu vermeiden, sondern auch eine höhere Effizienz bei Ausschreibungen zu ermöglichen. Damit können nicht unerhebliche Prozesskosten bei den ausschreibenden Stellen eingespart werden. Der Leitfaden bietet jedoch auch Studierenden eine gute Grundlage, um sich in die Materie der VOB Teil A einzuarbeiten.

Es sollte jedoch betont werden, dass das Ausschreibungsrecht kontinuierlichem Wandel unterworfen ist, insbesondere vor dem Hintergrund der aktuellen Rechtsprechung der Gerichte und Vergabekammern. Der Leitfaden in der vorliegenden Fassung vom 01.09.2008 ist daher eine Momentaufnahme und bedarf der laufenden Überprüfung und Fortentwicklung. Wir haben den Leitfaden mit großer Sorgfalt erarbeitet, können aber aus verständlichen Gründen keine Haftung für Richtigkeit und Vollständigkeit übernehmen.

Es darf dabei nicht unerwähnt bleiben, dass dieser Leitfaden ohne die intensive Arbeit der beiden Autoren Ramona Jaron und Christian Karl, beides Mitarbeiter am Institut für Baubetrieb und Baumanagement der Universität Duisburg-Essen nicht möglich gewesen wäre. Außerdem gilt der Dank allen, die mit ihren Anregungen und Empfehlungen, wie auch der Möglichkeit den Leitfaden an realen Ausschreibungsverfahren zu erarbeiten und anzuwenden, das Werk ermöglicht haben. Gerne nehmen wir daher Hinweise und Anregungen zur weiteren Entwicklung und Verbesserung des Leitfadens entgegen.

Ich hoffe, dass das vorliegende Werk allen, die mit dem Vergaberecht in Studium oder Beruf befasst sind, die notwendige Hilfestellung gibt, Probleme zu vermeiden oder zu lösen.

Essen, im September 2008 Prof. Dr. Alexander Malkwitz

Inhaltsverzeichnis

Abbildungsverzeichnis

Tabellenverzeichnis

Abkürzungsverzeichnis

AEntG	Gesetz über zwingende Arbeitsbedingungen bei grenzüberschreitenden Dienstleistungen
AG	Auftraggeber
AN	Auftragnehmer
ATV	Allgemeine Technische Vertragsbedingungen
AVA	Ausschreibung, Vergabe und Abrechnung (von Bauleistungen)
BAnz.	Bundesanzeiger
BauGB	Baugesetzbuch
BauNVO	Baunutzungsverordnung
BGB	Bürgerliches Gesetzbuch
BGH	Bundesgerichtshof
BHO	Bundeshaushaltsordnung
BKR	Baukoordinierungsrichtlinie
BMVBS	Bundesministerium für Verkehr, Bau und Stadtentwicklung
BVB	Besondere Vertragsbedingungen
DIN	Deutsches Institut für Normung e. V.
DLR	Dienstleistungskoordinierungsrichtlinie
DVA	Deutscher Vergabeausschuss
EFB	einheitliches Formblatt
EG	Europäische Gemeinschaft
EP	Einheitspreis
EU	Europäische Union
EWG	Europäische Wirtschaftsgemeinschaft
GAEB	Gemeinsamer Ausschuss Elektronik im Bauwesen
GemHVO	Gemeindehaushaltsverordnung
GewO	Gewerbeordnung

GU	Generalunternehmer
GÜ	Generalübernehmer
GWB	Gesetz gegen Wettbewerbsbeschränkungen
HGrG	Haushaltsgrundsätzegesetz
HOAI	Honorarordnung für Architekten und Ingenieure
InsO	Insolvenzordnung
LHO	Landeshaushaltsordnung
LP	Leistungsprogram
LV	Leistungsverzeichnis
OLG	Oberlandesgericht
ÖPP	Öffentlich-Private-Partnerschaft
OZ	Ordnungszahl
PKMS	Projekt-, Kommunikations- und Management- Systeme
PPP	Private Public Partnership
PQ	Präqualifikation
SchwarzArbG	Gesetz zur Bekämpfung der Schwarzarbeit
SiGe	Sicherheits- und Gesundheitsschutz
SigG	Signaturgesetz
SigV	Verordnung zur elektronischen Signatur
SKR	Sektorenrichtlinie
STGB	Strafgesetzbuch
StLB	Standardleistungsbuch
StLK	Standardleistungskatalog
StPO	Strafprozessordnung
VgV	Vergabeverordnung
VHB	Vergabehandbuch
VOB	Vergabe- und Vertragsordnung für Bauleistungen ehemals Verdingungsordnung für Bauleistungen
VOF	Verdingungsordnung für freiberufliche Leistungen
VOL	Verdingungsordnung für Leistungen
ZTV	Zusätzliche technische Vertragsbedingungen
ZVB	Zusätzliche Vertragsbedingungen

Einleitung

Die Tatsache, dass sich die Vergabe von Leistungen in vielerlei Hinsicht als komplex erweist, erfordert sowohl von Auftraggebern als auch von Auftragnehmern das Ausarbeiten optimierter Arbeits- und Verfahrensabläufe. Die Umsetzung eines solchen Optimierungsprozesses wird mit Hilfe dieses speziell für die Auftraggeberseite entwickelten Leitfadens ermöglicht.

Ziel muss es grundsätzlich sein, in einem fairen, transparenten und rechtsgültigen Verfahren den bestmöglichen Auftragnehmer zu finden, der die ausgeschriebene Leistung ordnungsgemäß erbringt. Vor diesem Hintergrund soll der vorliegende Leitfaden eine Hilfestellung für die verschiedenen Stadien in einem Vergabeprozess liefern.

Die nachfolgenden Ausführungen basieren vorwiegend auf den Regelungen der Vergabe- und Vertragsordnung für Bauleistungen (VOB). Die Vergabe einer Bauleistung auf der Basis der VOB durchzuführen, ist für öffentliche Auftraggeber bei Vergaben oberhalb sogenannter Schwellenwerte verpflichtend. Auch bei Vergaben unterhalb dieser Werte sollte die Vergabe unter Verwendung der VOB durchgeführt werden. Die Grundsätze der Vergabe von Bauleistungen gemäß VOB werden im § 2 Nr. 1 VOB Teil A geregelt. Hierbei steht folgender Leitgedanke im Vordergrund:

> „Bauleistungen sind an fachkundige, leistungsfähige und zuverlässige Unternehmer zu angemessenen Preisen zu vergeben."

Unter dem Begriff „Vergabe von Bauleistungen" wird im Folgenden das komplette Verfahren von der Vertragsanbahnung bis hin zu der eigentlichen Auftragserteilung verstanden.

Die Lücke zwischen Theorie und Praxis bei der Vergabe von Bauleistungen kann mit Hilfe dieses Leitfadens gefüllt werden. Der Mangel an einem schematischen Dokument, welches Verfahrensabläufe speziell bei der nationalen Vergabe einer Bauleistung durch öffentliche Auftraggeber beschreibt, wird durch dieses Buch abgedeckt.

Der entwickelte Leitfaden erleichtert die Arbeit während eines Vergabeprozesses vorrangig dadurch, dass nicht in mehreren Werken wie z.B. der Vergabe- und Vertragsordnung für Bauleistungen, dem Bürgerlichen Gesetzbuch und dem Vergabehandbuch[1] nach den entsprechenden relevanten Unterlagen und Vorschriften gesucht werden muss.

Durch die Implementierung des Leitfadens können bisher gebundene Personalressourcen entlastet werden. Durch vorgefertigte Listen, Formblätter und mit Hilfe der abgebildeten Auszüge aus Gesetzestexten und einem Fallbeispiel können einzelne Teilschritte wie die Erstellung diverser Anschreiben wesentlich effizienter abgewickelt werden. Dies wird besonders bei Sachbearbeitern, die weniger Erfahrung mit der öffentlichen Vergabe von Bauleistungen haben, zu einer erheblichen Reduzierung formaler Fehler und zu einer schnelleren Abarbeitung der einzelnen Teilschritte führen. Durch das Ablaufschema ist eine übersichtliche Dokumentation der Soll- und Ist-Situation möglich, was zur Verbesserung der Kommunikation zwischen den am Vergabeprozess beteiligten Personen beiträgt.

Dieses Buch hilft somit, dass sog. „magische Dreieck", welches das Zusammenspiel aus Zeit, Kosten und Qualität beschreibt (vgl. Abbildung 1.1: Magisches Dreieck), bei öffentlichen Auftraggebern weiter zu verbessern. Dies ermöglicht letztlich die Realisierung einer qualitativ hochwertigen Prozessabwicklung.

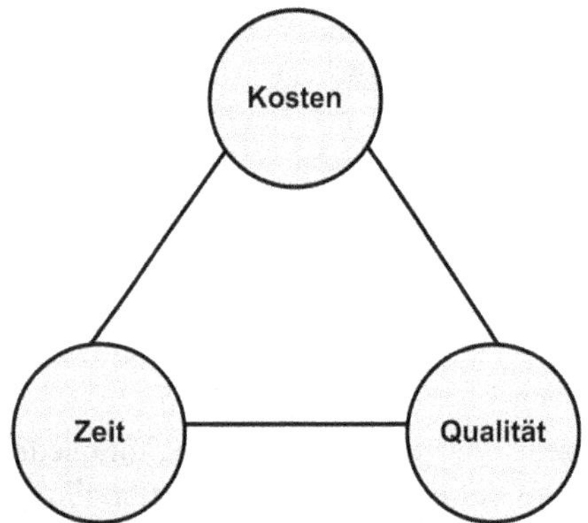

Abbildung 1.1: Magisches Dreieck

---

1 Der Vollständigkeit halber sei hier auf die Bezugsquellen der verschiedenen Vergabehandbücher hingewiesen (Stand 15.09.2008):
Vergabehandbuch des Bundes ist zu beziehen über http://www.bmvbs.de/-,1535/knoten.htm
Kommunales Vergabehandbuch für Bauleistungen ist zu beziehen über http://www.formularservice-online.de/detail/58986
Vergabehandbuch für die Durchführung von kommunalen Bauaufgaben in Nordrhein-Westfalen ist zu beziehen über http://mobil.kohlhammer.de/1733/Vergaberecht/5496/978-3-555-30430-4

Für die praktische Anwendung dieses Leitfadens ist es empfehlenswert, sich zuerst das **Ablaufschema zur nationalen Vergabe von Bauaufträgen durch öffentliche Auftraggeber** aus Kapitel 6 heraus zu kopieren und auf dessen Grundlage dann die einzelnen Kapitel dieses Buches abzuarbeiten.

Anzumerken ist, dass ein Sachbearbeiter, der diesen Leitfaden bei seiner Arbeit zur Hilfe nimmt, die jeweiligen Angaben stets auf ihre Aktualität zu prüfen hat. Dies gilt beispielsweise für zeitliche Fristen oder Schwellenwerte. Des Weiteren gelten alle Gesetze und Verordnungen bei jeder Ausschreibung stets in ihrer aktuellsten Fassung.

Zusätzlich wird die Zuhilfenahme von Vergabehandbüchern empfohlen, da diese zahlreiche weitere nützliche Formblätter enthalten, die bei der Erarbeitung einer Ausschreibung hilfreich sind.

Der Aufbau dieses Werkes gestaltet sich wie folgt:

Zur Verdeutlichung der wesentlichen Aspekte im Vergabeprozess wird ein Fallbeispiel genutzt, welches im **Ersten Kapitel** vorgestellt wird. Das **Fallbeispiel** beinhaltet die Vergabe eines fiktiven Bauvorhabens zur Erweiterung einer Grundschule, ausgeschrieben von einer Gemeinde.

Im **Zweiten Kapitel** werden die rechtlichen **Leit- und Richtlinien** elaboriert. Behandelt werden unter Anderem Aufbau und Inhalt eines Bauvertrags wie auch die Basis der Vergabe von Bauaufträgen, die Vergabe- und Vertragsordnung für Bauleistungen.

Die eigentliche **Ausschreibung** wird ausführlich im **Dritten Kapitel** erläutert. Dieses befasst sich mit den Vergabeformen und den Vergabearten. Außerdem werden die Aspekte der elektronischen Ausschreibung und Vergabe, der Bekanntmachung einer Vergabe, der Vergabe- und Vertragsunterlagen und der Versand der Vergabeunterlagen erklärt.

Anschließend wird im **Vierten Kapitel** der Umgang mit den eingehenden Angeboten beschrieben. Der Vorgang der Submission sowie die Prüfung und Wertung der im Rahmen einer Ausschreibung eingereichten **Angebote** werden erläutert.

Das Vorgehen und die formalen Vorschriften zur Erteilung des Zuschlags für das wirtschaftlichste Angebot sowie der **Abschluss des Vergabeverfahrens** werden im **Fünften Kapitel** präzisiert.

Kapitel Sechs hält eine Zusammenfassung der konstitutiven Elemente der Vergabe einer Bauleistung auf nationaler Ebene in Form eines **Ablaufschema**s bereit. Dieses fasst einerseits den Inhalt des gesamten Buches in einer Übersicht zusammen, stellt andererseits eine Checkliste dar, welche bei der nationalen Vergabe von Bauaufträgen durch öffentliche Auftraggeber als Arbeitshilfe dienen kann.

Das **Siebte Kapitel** hält die für ein Vergabeverfahren notwendigen und hilfreichen **Musterformulare** als Kopiervorlage bereit.

Abschließend besteht mit Hilfe der in **Kapitel Acht** zur Verfügung gestellten **Aufgaben zum Selbststudium** die Möglichkeit, die Grundlagen des gesamten nationalen Vergabeprozesses zu verinnerlichen[2].

Im weiteren Verlauf vorkommende Fachbegriffe können bei Bedarf im Online-Glossar des Verlages nachgeschlagen werden[3].

---

2 Fragen zum Selbststudium sind auch auf der Internetseite www.economag.de/training zu finden.

3 www.economag.de/stichwoerter/glossar

1 Das Fallbeispiel

Zur Verdeutlichung der maßgebenden Schritte während eines Vergabeprozesses wird in diesem Buch ein fiktives Fallbeispiel herangezogen.

In den einzelnen Kapiteln werden Details aus dem Verfahren der Vergabe des erläuterten Bauvorhabens appliziert, welche die theoretischen Grundlagen der einzelnen allgemeinen Teilschritte der Vergabe einer Bauleistung durch öffentliche Auftraggeber auf nationaler Ebene illustrieren sollen.

Gegenstand des Fallbeispiels ist die Öffentliche Ausschreibung einer Gemeinde zwecks der Erweiterung einer Grundschule.

Erläuterung zum Bauvorhaben

Ausgangssituation in der Gemeinde war ein Ratsbeschluss zur Notwendigkeit der Grundschulerweiterung. Benötigt wurden ein neuer Klassenraum, ein Betreuungsraum, ein Lehrmittelraum, ein Raumpflege- bzw. Abstellraum sowie eine Garderobe.

Die Gemeinde als öffentlicher Auftraggeber hat das Bauvorhaben öffentlich ausgeschrieben. Da sich die Kostenschätzung der beauftragten Planer auf einen Betrag unterhalb des sog. Schwellenwerts belief, fand die Ausschreibung auf nationaler Ebene statt. Des Weiteren fand eine stufenweise Vergabe statt, was bedeutet, dass nicht alle Gewerke gleichzeitig ausgeschrieben wurden. Die Ausschreibung fand auf der Grundlage der VOB in der Fassung aus dem Jahr 2006 statt.

Ein ursprünglich angedachter Ausbau des Dachgeschosses im Altbau der Grundschule wurde nach eingehender Überprüfung verworfen, da die erforderlichen Brandschutzmaßnahmen und statischen Eingriffe in das vorhandene Gebäude erheblich gewesen wären. Basierend auf dieser Einschätzung wurde nach einer alternativen Lösung gesucht, welche einfacher und kostensparender auszuführen war. Entschieden hat man sich für den Entwurf eines Planungsbüros, welcher vorsah, den eingeschossigen Sanitärbereich im Nordostflügel des Schulgebäudes aufzustocken. Der Vorteil dieser Maßnahme war, dass der Schulbetrieb während der Baumaßnahme wenig gestört wurde und der Sanitärbereich weiterhin genutzt werden konnte. Zudem wurde nur das definitiv benötigte Bauvolumen geschaffen.

Außerdem war geplant, dass vorhandene Treppenhaus zu nutzen und durch einen zusätzlichen Treppenlauf den Zugang zu dem neu zu schaffenden Obergeschoss zu errichten. Das neue Gebäude kragt über das bestehende Erdgeschoss aus und trägt über Stützen im Außenbereich die Lasten ab. Die vorhandenen Decken blieben erhalten und wurden mit einer neuen Tragkonstruktion überbrückt. Um dies zu verwirklichen, musste der vorhandene Dachstuhl über dem Sanitärbereich abgetragen werden. In Anhang I befinden sich Details zum Bauvorhaben in Form einer Baubeschreibung[4].

4 siehe § 9 Nr. 11 VOB/A

2 Grundlagen des Vergabe- und Vertragsrechts

Nach deutscher Rechtsprechung besteht grundsätzlich Vertragsfreiheit. Dies bedeutet, dass Jeder mit Jedem einen beliebigen Vertrag schließen kann, solange dieser in Inhalt und Form nicht gegen Gesetze verstößt.[5]

Die gesetzliche Grundlage der Verträge zur Errichtung von Bauwerken zwischen dem Auftraggeber auf der einen, und dem Auftragnehmer auf der anderen Seite, ist zunächst das Bürgerliche Gesetzbuch (BGB).[6] Hierbei spielen die Generalklauseln des BGB eine besondere Rolle. Die Wichtigsten Begrifflichkeiten in diesem Zusammenhang sind: „Gute Sitten" und „Treu und Glauben mit Rücksicht auf die Verkehrssitte" (vgl. § 242 BGB), da sie oft als Auslegungsmaßstab herangezogen werden. Ein Rechtsgeschäft, welches gegen die guten Sitten verstößt, ist gemäß § 138 BGB nichtig.

Das im BGB allgemein geregelte Werkvertragsrecht wird den speziellen Bedürfnissen des Bauwesens allein nicht gerecht. Deshalb wurde eine Vertragsordnung erarbeitet, die für die Vergabe und Durchführung von Bauleistungen der Öffentlichen Hand[7] klare und einheitliche Grundsätze und Vorschriften schafft; die VOB.[8]

Dem Vergaberecht unterliegen nur öffentliche Aufträge. Hierbei handelt es sich um entgeltliche Verträge zwischen öffentlichen Auftraggebern und Unternehmen, die Liefer-, Bau- oder Dienstleistungen zum Gegenstand haben.[9]

In der am 01.02.2001 in Kraft getretenen Verordnung über die Vergabebestimmungen für öffentliche Aufträge (Vergabeverordnung – VgV) ist festgelegt, dass öffentliche Auftraggeber[10] zur Anwendung des Teils A der VOB (VOB/A) bei Aufträgen oberhalb der Schwellenwerte verpflichtet sind (vgl. § 6 VgV).

---

5 vgl. [10], S. 28

6 vgl. [22], S. 60

7 Bezeichnung für die Gesamtheit der juristischen Personen des öffentlichen Rechts.

8 vgl. [22], S. 60

9 siehe § 99 Abs. 1 GWB

10 Einzelheiten sind in § 98 GWB geregelt.

Vergabegrundsätze für Gemeinden (GV)
nach § 25 GemHVO (Kommunale Vergabegrundsätze)

Zur Vermeidung rechtlicher Risiken **sollen** bei Aufträgen über Bauleistungen unterhalb des EU-Schwellenwertes grundsätzlich die Teile A (Abschnitt 1), B und C der Vergabe- und Vertragsordnung für Bauleistungen in der jeweils geltenden, im Bundesanzeiger (BAnz.) veröffentlichten Fassung angewendet werden.

Ministerialblatt für das Land Nordrhein-Westfalen (MBL.NRW)- Nr. 12 vom 5. April 2006, S. 222

Der § 6 VgV sieht verschiedene Vergabearten vor, welche in Kapitel 3.2 erläutert sind. Das Vergaberecht in Deutschland ist dadurch auf eine umfassende rechtliche Grundlage gestellt.

Das Gesetz gegen Wettbewerbsbeschränkungen (GWB) legt die Grundsätze eines transparenten Vergabeverfahrens fest. Dazu gehört die Gleichbehandlung aller Wettbewerber, eine Aufteilung in Fach- und Teillose um mittelständische Interessen zu berücksichtigen, die Vergabe an fachkundige, leistungsfähige und zuverlässige Unternehmen sowie die Erteilung des Zuschlags auf das wirtschaftlichste Angebot. Erstmals auch der Anspruch auf Einhaltung der Bestimmungen des Vergabeverfahrens durch den Auftragnehmer. Der Anwendungsbereich des Vergaberechts wird bestimmt durch die beiden Begriffe des öffentlichen Auftraggebers (§ 98 GWB) und des öffentlichen Auftrags (§ 99 GWB). Das Gesetz bezieht sich auf alle Bauaufträge, welche die EU-Schwellenwerte[11] überschreiten.[12] Sofern es sich um Vorhaben handelt, die aufgrund ihrer Gesamtgröße die europäischen Schwellenwerte nicht erreichen und demnach **nicht** dem Anwendungsbereich des GWB bzw. der VgV unterliegen, sind dennoch vergaberechtliche Vorschriften einzuhalten. Eben diese für nationale Vergaben geltenden Vorschriften bilden den Schwerpunkt dieses Buches.

Öffentliche Auftraggeber unterliegen rechtlichen Bindungen, die sich aus dem Haushaltsrecht ergeben. Das Haushaltsgrundsätzegesetz (HGrG) verpflichtet Bund und Länder dazu, ihr Haushaltsrecht nach den Grundsätzen zu regeln, die das HGrG aufstellt. Für die Gesetzgebung des Bundes und der Länder schreibt § 30 (1) HGrG vor, dass dem Abschluss von Verträgen über Lieferungen und Leistungen eine Öffentliche Ausschreibung vorausgehen muss, sofern nicht die Natur des Geschäfts oder besondere Umstände eine Ausnahme rechtfertigen.[13]

---

11 siehe Kapitel 3.2.2
12 vgl. [34], S. 75
13 vgl. [6], S. 1

Das kommunale Haushaltsrecht der Bundesländer sieht für Auftragsvergaben der Kommunen unterhalb der EU-Schwellenwerte unterschiedliche Regelungen vor. So wurden in einigen Bundesländern für diesen Bereich Wertgrenzen für öffentliche Ausschreibungen und freihändige Vergaben festgelegt.[14]
Zu beachten ist, dass nach der Rechtsprechung des EuGH EG-Primärrecht ein bestimmtes Maß an Transparenz und Wettbewerbsoffenheit fordert und bei der Vergabe Gleichbehandlung und Diskriminierungsfreiheit gewährleistet sein muss, sodass eine Art Ausschreibung durchzuführen ist, ohne dass hierzu konkrete Vorgaben formuliert werden.[15]

Ein **privater Auftraggeber** kann seine Baumaßnahme freihändig und ohne Einschränkungen an einen Bauunternehmer (im Rahmen des BGB) vergeben. Dies wird in Kapitel 2.1.4: „Vergabe von Bauleistungen außerhalb des Gültigkeitsbereichs der VOB/A“ näher erläutert.

Zusätzlich ist anzumerken, dass Rechtsgeschäfte nur von geschäftsfähigen Personen abgeschlossen werden können.[16]

Für die Abwicklung von Bauten sind neben den allgemeinen zivilrechtlichen und strafrechtlichen Regelungen auch die öffentlich-rechtlichen Vorschriften relevant. Die entsprechenden Gesetze des Bundes (z.B. Baugesetzbuch BauGB und Baunutzungsverordnung BauNVO) und der Länder (Bauordnungen) regeln die im öffentlich-rechtlichen Interesse liegenden Einzelheiten der Bauplanung und Baudurchführung sowie der Verantwortlichkeit der an der Planung und am Bauen Beteiligten. Konkretisiert wird die Vorschrift zur Anwendung der einzelnen Teile der VOB in der Bundeshaushaltsordnung (BHO) und den jeweiligen Ordnungen der Bundesländer (Landeshaushaltsordnung – LHO) sowie in der Gemeindehaushaltsverordnung (GemHVO). Ergänzend sind die Erlasse der Bundes- und Länderministerien zu berücksichtigen.

Gemeinden sind berechtigt, die ihre Interessensphäre beeinflussenden öffentlich-rechtlichen Belange in Satzungen (Ortsrecht) niederzulegen. Diese von den Gemeindeparlamenten zu beschließenden Satzungen sind ebenfalls für die Planung und Abwicklung von Bauten im Interesse öffentlich-rechtlicher Belange verbindlich.[17]

---

[14] vgl. [18], S. 19
[15] EuGH, Slg. 2005, I-8612
[16] vgl. §§ 104-113 BGB
[17] vgl. [33], S. 8

Der Bauvertrag

Unter dem Bauvertrag wird der privatrechtliche Vertrag verstanden, der zwischen einem Bauherrn und einem Bauunternehmen zur Erstellung eines gesamten Bauwerks oder eines Gewerks abgeschlossen wird. Man spricht vom privaten Baurecht. In Abgrenzung hierzu regelt das öffentliche Baurecht die bauliche Nutzung von Grund und Boden.

Ein Bauvertrag kommt in der Regel durch Annahme eines Angebots zustande. Es handelt sich somit bei einem Bauvertrag um eine zweiseitige Willensbekundung. Auf der einen Seite steht der Wille des potentiellen Auftraggebers (AG), eine Bauleistung ausführen zu lassen, auf der anderen Seite die Willensbekundung eines Bieters bzw. potentiellen Auftragnehmers (AN), eben diese Bauleistung zu bestimmten Preisen zu erbringen.[18] Zunächst haben Bieter ihre Angebote zu unterbreiten. Damit diese vorgelegt werden können, ist zuvor genau zu definieren, was Inhalt der Angebote sein soll. Die dafür notwendigen Informationen über die geforderte Leistung sind von der ausschreibenden Stelle (später AG) in den Vergabe- und Vertragsunterlagen an den Bieter zu geben. Dieses Verfahren zur Erlangung von Angeboten bezeichnet man als **Ausschreibung**.[19]

Da das BGB nur sehr wenige, speziell auf die Bauwerkserstellung abgestellte Regelungen enthält, muss der Bauvertrag einem im BGB geregelten Vertragstyp zugeordnet werden. Der für die Ausführung einer Bauleistung geschlossene Vertrag ist nach mehrheitlicher Meinung der Literatur nahezu immer ein Werkvertrag gemäß §§ 631 ff. BGB.

Die wesentlichen Merkmale eines Werkvertrags sind im § 631 BGB wie folgt geregelt:

> „(1) Durch den Werkvertrag wird der Unternehmer zur Herstellung des versprochenen Werkes, der Besteller zur Entrichtung der vereinbarten Vergütung verpflichtet.
>
> (2) Gegenstand des Werkvertrags kann sowohl die Herstellung oder Veränderung einer Sache als auch ein anderer durch Arbeit oder Dienstleistung herbeizuführender Erfolg sein.“[20]

Gemäß dem Werkvertrag ist es dem Auftragnehmer grundsätzlich freigestellt, wie er den Erfolg der vertraglich fixierten Leistung herbeiführt. Für den Auftraggeber besteht im Werkvertragsrecht in dieser Hinsicht kein Weisungsrecht.[21]

---

18 vgl. [30], S. 13 f.
19 vgl. [33], S. 17
20 siehe § 631 BGB
21 vgl. [30], S. 14

Der Werkvertrag des BGB berücksichtigt die Besonderheiten des Bauens lediglich in zwei Paragraphen. Im § 634, mit dem Unterparagraphen 634a, wird die Gewährleistungspflicht bei Arbeiten an Bauwerken auf fünf Jahre festgelegt. An dieser Stelle ist anzumerken, dass nach § 13 Nr. 4 VOB Teil B, eine gegenüber dem BGB verkürzte Verjährungsfrist für Mängelansprüche von lediglich 4 Jahren festgelegt wird! Diese wird rechtsgültig, sobald ein Bauvertrag mit der Vereinbarung der VOB beschlossen wird. Darüber hinaus gibt es den § 648 mit dem Unterparagraphen 648a, in dem die besonderen Sicherungsbedürfnisse eines Bauunternehmers geregelt sind.

Allerdings ist das Bauen mit zahlreichen Besonderheiten im Vergleich zu vielen anderen Werkverträgen verbunden. Ergänzend zum BGB müssen daher verschiedene Dinge geregelt werden. Beispielsweise die Besonderheiten, welche sich aus der langen Dauer der Bauwerkserstellung ergeben. Außerdem ist die Frage zu stellen, wie mit Behinderungen und Unterbrechungen aus Gründen, die der Bauherr verschuldet hat, oder die auf Witterungseinflüsse zurückzuführen sind, umzugehen ist. Des Weiteren gilt es, sich mit den Spezifikationen der Abnahme, Gewährleistung, Abrechnung oder Abschlagszahlungen auseinanderzusetzen.

Die Wesentliche Unterschiede zwischen dem Bürgerlichen Gesetzbuch und der Vergabe- und Vertragsordnung für Bauleistungen sind in Abbildung 2.1: Unterschied BGB und VOB zusammengefasst.

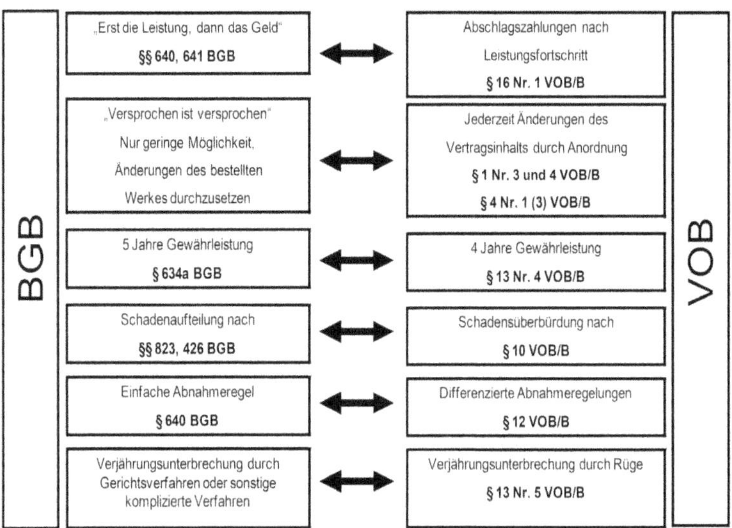

Abbildung 2.1: Unterschied BGB und VOB

Die VOB/A ist eine wichtige Grundlage für die Strukturierung und den Inhalt des Bauvertrags. Sie selbst wird jedoch nicht zum Inhalt. Die Vergabe- und Vertragsordnung für Bauleistungen ist kein Gesetz, sondern kann in den Bauvertrag nur einbezogen werden, wenn dies ausdrücklich vereinbart ist. Die VOB ist demnach vergleichbar mit Allgemeinen Geschäftsbedingungen.

Teil B der VOB (VOB/B) hingegen kann Bestandteil des Vertrags werden. Über die VOB/B – wenn vereinbart – hinaus enthalten Bauverträge oftmals weiterführende Vertragsbedingungen, welche die VOB/B in bestimmten Punkten konkretisieren. Es ist nicht selten, dass sich die vertraglichen Festlegungen in den einzelnen Bereichen des Bauvertrags widersprechen. Dabei ist zu berücksichtigen, dass gewöhnlich die speziellere Regelung vorgeht.

Somit gelten Vereinbarungen in der Regel in folgender **Reihenfolge**:

- Der Bauvertrag selbst,
- in den Vertrag einbezogene Verhandlungsprotokolle
- (liegen regelmäßig bei Bauaufträgen vor, zum Beispiel aus einem technischen Vergabegespräch),
- die Leistungsbeschreibung einschließlich Vorbemerkungen,
- Besondere Vertragsbedingungen (BVB) sowie Besondere Technische Vertragsbedingungen,

- Zusätzliche Vertragsbedingungen (ZVB) sowie Zusätzliche technische Vertragsbedingungen (ZTV),
- Allgemeine Technische Vertragsbedingungen (ATV; identisch mit VOB/C),
- Allgemeine Vertragsbedingungen für die Ausführung von Bauleistungen (VOB/B) und
- das Bürgerliche Gesetzbuch (BGB).

Bei den Vertragsunterlagen sind vor allem die ZVB, die BVB sowie die ZTV zu nennen. Diese können von Auftraggebern verwendet werden, die häufig Bauleistungen vergeben und über die VOB hinausgehende spezifische Vertragsstandards formulieren möchten. Es ist dabei irrelevant, ob es sich um öffentliche oder private Auftraggeber handelt.

In den **Zusätzlichen Vertragsbedingungen** können über die Regelungen der VOB/B hinausgehende Vertragsstandards von Auftraggebern formuliert werden, welche für alle Bauleistungen, die diese Auftraggeber vergeben, einheitlich sind. Insbesondere sind hier die ZVB der Bauverwaltungen des Bundes und der Länder zu nennen. Sie variieren von Arbeitgeber zu Arbeitgeber.

Die **Besonderen Vertragsbedingungen** werden hingegen von dem Auftraggeber für den einzelnen Bauvertrag individuell erstellt und sollen somit den Bedürfnissen des Einzelfalls gerecht werden.[22] Im Gegensatz zu den ZVB dürfen die Besonderen Vertragsbedingungen von den Allgemeinen Vertragsbedingungen abweichen. Dies soll jedoch auf die Bereiche beschränkt bleiben, in denen die VOB/B individuelle Regelungsmöglichkeiten einräumt. Dies sind beispielsweise Vereinbarungen zur Gewährleistung.

Daneben besteht für den Auftraggeber auch in technischer Hinsicht die Möglichkeit, die zum Teil groben Regelungen der Allgemeinen Technischen Vertragsbedingungen ihren eigenen Bedürfnissen in Form von **Zusätzlichen Technischen Vertragsbedingungen** anzupassen. Auch diese sollen für alle Bauvergaben des Auftraggebers einheitlich sein. Insbesondere öffentliche Auftraggeber erstellen verschiedentlich ZTV für die unterschiedlichen Gewerke.[23]

Der Aufbau eines Bauvertrags gemäß § 10 VOB/A ist Abbildung 2.2: Aufbau eines Bauvertrags zu entnehmen:

---

[22] vgl. § 10 Nr. 2 VOB/A

[23] vgl. [30], S. 18

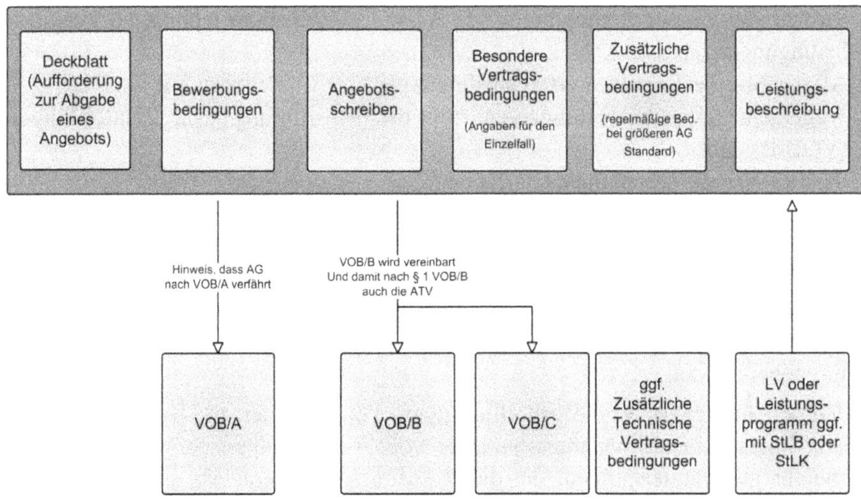

Abbildung 2.2: Aufbau eines Bauvertrags

Verträge, die ausschreibungspflichtige Leistungen und nicht ausschreibungspflichtige Bestandteile zum Gegenstand haben, sind grundsätzlich insgesamt ausschreibungspflichtig. Das gilt insbesondere für die Veräußerung von Grundstücken oder Gesellschaftsanteilen, die isoliert nicht dem Vergaberecht unterliegen, da sie keine „Beschaffung" zum Gegenstand haben.
OLG Düsseldorf, Beschluss vom 20.06.2001 – Verg 3/01, NZBau 2001, 696, 700.

2.1 Die Vergabe- und Vertragsordnung für Bauleistungen

§ 2 VOB/A
Grundsätze der Vergabe

1. Bauleistungen sind an fachkundige, leistungsfähige und zuverlässige Unternehmer zu angemessenen Preisen zu vergeben. Der Wettbewerb soll die Regel sein. Ungesunde Begleiterscheinungen, wie z.B. wettbewerbsbeschränkende Verhaltensweisen, sind zu bekämpfen.

2. Bei der Vergabe von Bauleistungen darf kein Unternehmer diskriminiert werden.
3. Es ist anzustreben, die Aufträge so zu erteilen, dass die ganzjährige Bautätigkeit gefördert wird.

Die VOB versucht einen Kompromiss der unterschiedlichen Bedürfnisse von Preisbildung, Vergabe, Ausführung und Abrechnung zu erreichen. Sie ist als eine Art Mustervertrag weitgehend ausgeglichen. In § 2 VOB/A ist geregelt, dass allen Bietern die gleichen Chancen eingeräumt werden sollen. Dies gewährleistet ein Verfahren, dass sowohl die Auftragnehmer- als auch Auftraggeberseite berücksichtigt. So lange die Einzelheiten der VOB bis ins letzte Detail verstanden und angewandt werden, gibt es wenige Schwierigkeiten, Bauaufträge zu Gunsten von sämtlichen Beteiligten abzuwickeln. Bis ins letzte Detail wird sie jedoch selten befolgt und sie kommt meist auch nicht ohne „Ergänzungen" vor.[24]

Es ist grundsätzlich immer empfehlenswert sie bei der Ausgestaltung von Bauverträgen zugrunde zu legen. Die VOB gilt bei Vertragsabschluss jeweils in ihrer aktuell gültigen Fassung. Sie regelt Einzelheiten des Vergabe- und Vertragswesens, der Bauabwicklung und der technischen Durchführung.

2.1.1 Entstehung der VOB

Wettbewerbsveranstaltungen zur Vergabe öffentlicher Aufträge gab es bereits im Altertum. Bei den Römern gab es das der Ausschreibung verwandte Verfahren der Lizitation. Sicher belegt ist die Ausschreibung erstmalig in Frankreich. In der zweiten Hälfte des 17. Jahrhunderts hat der französische Minister Colbert dieses Verfahren auf den Hofdomänen eingeführt.[25] In nennenswertem Umfang existieren Ausschreibungen seit Beginn des 19. Jahrhunderts. In dieser Zeit setzte sich die Ausschreibung als bevorzugtes Verfahren zur Deckung des öffentlichen Bedarfs durch. Verantwortlich dafür war unter Anderem das rasche Anwachsen des staatlichen Bedarfs; zum Beispiel beim staatlichen Eisenbahnbau. Von den aufstrebenden Unternehmern wurde ein offener, freier Wettbewerb mit gleichen Startchancen gefordert.[26] In diese Zeit fällt auch die Einführung der ersten großen, allgemeinen Verdingungsordnungen des französischen Finanzgesetzes von 1833, der

24 vgl. [27], S. 173
25 vgl. [20], S. 4
26 vgl. [24], S. 27 f.

Bayerischen Verdingungsordnung von 1833 und der Preußischen Verdingungsordnung von 1834.[27]

Kurz vor dem Ersten Weltkrieg wurde an einem Gesetzesentwurf gearbeitet, der die staatlichen Einkaufsvorschriften und die Vertragsbestimmungen bei öffentlichen Aufträgen für ganz Deutschland vereinheitlichen sollte. Im März 1914 lag der „Entwurf eines Gesetzes, betreffend das öffentliche Verdingungswesen“ – Reichssubmissionsgesetz – vor.[28] Dieser Gesetzentwurf ist jedoch während des Krieges untergegangen. Das Projekt einer einheitlichen Verdingungsordnung für ganz Deutschland wurde im Jahre 1921 wieder aufgegriffen. Durch einen Parlamentsbeschluss entstand der Reichsverdingungsausschuss. Dieser hatte zunächst nur die Aufgabe, die Vorschriften zur Bauvergabe zu überarbeiten; er war ein Bauausschuss. Mit seiner Tätigkeit verschärfte sich die Trennung zwischen Bauleistungen und „sonstigen“ Leistungen, welche sich bis heute durch das öffentliche Auftragswesen der Bundesrepublik Deutschland durchzieht. Als Ergebnis der Beratungen dieses Ausschusses wurde am 5. Mai 1926 die „Verdingungsordnung für Bauleistungen“ in den Teilen A, B und C verabschiedet.[29]

1947 trat der Verdingungsausschuss für Bauleistungen zusammen. Dieser entschied 1949 eine völlige Überarbeitung der VOB, welche im Juni 1952 mit den Teilen A und B beschlossen wurde. Der Teil C war bereits fortwährend ergänzt und überarbeitet worden.[30]

Die Beratungen über eine allgemeine Verdingungsordnung, die Verdingungsordnung für Leistungen (ausgenommen Bauleistungen) (VOL) begannen erst nach 1926 in einem Gremium, welches etwas anders zusammengesetzt war als der Verdingungsausschuss für Bauleistungen.

Seit dem Inkrafttreten der Verdingungsordnung für freiberufliche Leistungen (VOF) am 01.11.1997 sind bis heute drei unterschiedliche Verdingungs- bzw. Vergabeordnungen zu beachten: Die VOB, die VOL und die VOF. Der Zusammenhang wird in Abbildung 2.3: Auftragsarten veranschaulicht.[31]

---

[27] vgl. [13], S. 22 f.
[28] vgl. [4], S. 213 ff.
[29] vgl. [13], S. 27
[30] vgl. [34], S. 74
[31] vgl. [35], S. 18

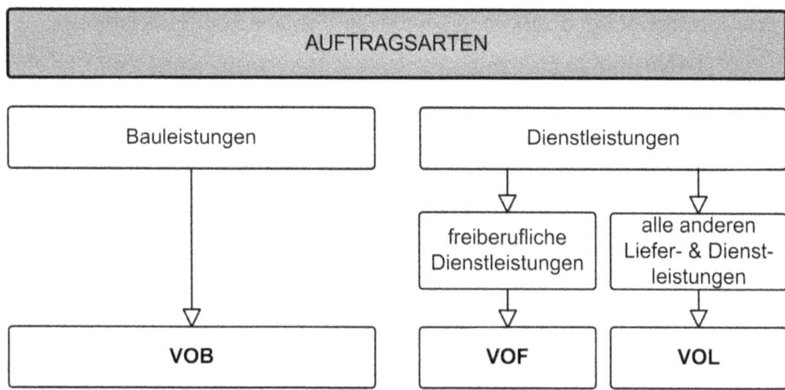

Abbildung 2.3: Auftragsarten

Der Verdingungsausschuss für Bauleistungen hat seine Tätigkeit bis zum heutigen Tag fortgesetzt. Inzwischen nennt er sich Deutscher Vergabeausschuss (DVA). Die erlassenen Bestimmungen wurden als DIN-Normen in das Normenwerk des Deutschen Normenausschusses übernommen.

Die ständigen Entwicklungen auf technischem, wirtschaftlichem und juristischem Gebiet machen eine fortwährende Überarbeitung der VOB notwendig.

Es ist von besonderer Bedeutung, dass die VOB als historisch gewachsenes Gesamtwerk zu betrachten ist, obwohl rechtlich nur die Teile B und C, die vielfach isoliert angewendet werden, vertragsrelevant werden können.

Am 2. Mai 2002 hat der DVA die Änderung der VOB/B im Hinblick auf die Novelle des Bürgerlichen Gesetzbuchs durch das Gesetz zur Modernisierung des Schuldrechts vom 26. November 2001 beschlossen. Seitdem steht die Abkürzung VOB nicht mehr für „Verdingungsordnung für Bauleistungen“, sondern für „Vergabe- und Vertragsordnung für Bauleistungen“.[32]

2.1.2 Gliederung der VOB

Die Vergabe- und Vertragsordnung für Bauleistungen untergliedert sich in drei Teile:

[32] vgl. [33], S. 6

VOB Teil A: Allgemeine Bestimmungen für die Vergabe von Bauleistungen, DIN 1960

VOB Teil B: Allgemeine Vertragsbedingungen für die Ausführung von Bauleistungen, DIN 1961

VOB Teil C: Allgemeine Technische Vertragsbedingungen für Bauleistungen (ATV). Die ATV enthalten DIN-Normen, die ebenfalls in der jeweils neuesten Fassung für die Technische Durchführung der Arbeiten gültig sind.

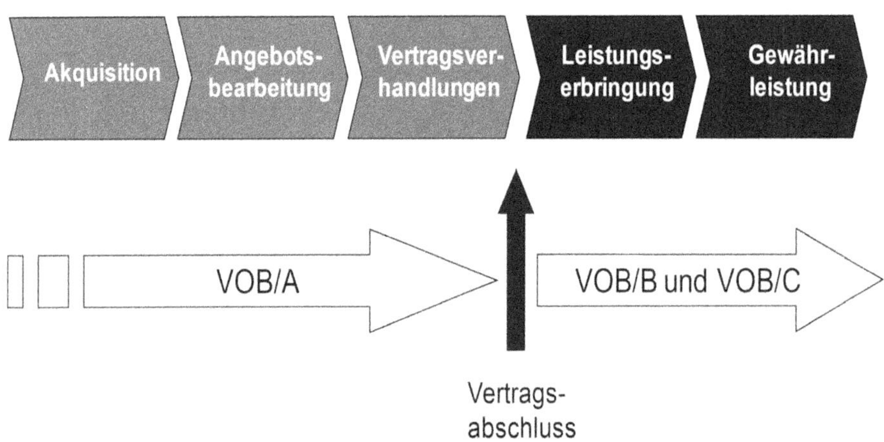

Abbildung 2.4: Zusammenhänge VOB - Unternehmensprozess

Im Grunde ist die VOB jedoch ein durchgängiges Werk. Zwischen den einzelnen Teilen bestehen immer wieder Zusammenhänge oder sie Bauen aufeinander auf. Diese Systemdurchgängigkeit in der VOB wird zum Beispiel im Bezug auf die Leistungsbeschreibung deutlich: § 9 VOB/A regelt Art und Umfang der Leistungsbeschreibung. Im Teil B wird darauf direkt in § 1, in dem es um Art und Umfang der vertraglichen Leistung geht, Bezug genommen. Darüber hinaus enthält der Teil C „Hinweise für das Aufstellen der Leistungsbeschreibung“ aus technischer Sicht.[33]

[33] vgl. [30], S. 15

VOB Teil A

Teil A der VOB regelt die nationale und internationale Vergabe von Bauleistungen durch öffentliche Auftraggeber.

Im Einzelnen regelt der Teil A der VOB die Grundsätze der Vergabe von Bauleistungen, die an fachkundige, leistungsfähige und zuverlässige Unternehmer zu angemessenen Preisen zu vergeben sind. Das dient dazu, wettbewerbsbeschränkende Verhaltensweisen zu bekämpfen, Diskriminierungen zu vermeiden und die ganzjährige Bautätigkeit zu fördern.[34] Die VOB/A beschreibt in erster Linie den Prozess des Zustandekommens eines Bauvertrags. Es wird das Vorgehen geregelt, welches die ausschreibende Stelle und die anbietenden Unternehmen zu beachten haben.

Abbildung 2.5: Struktur der VOB/A

Die sogenannten **Basisparagraphen** bilden die Grundlage der Vergabe öffentlicher Bauvorhaben. Es existieren insgesamt 32 Stück, die seit der Einführung der VOB das weitgehend unveränderte Grundgerüst der gesamten VOB/A darstellen. Uneingeschränkt bzw. ohne weitere Ergänzungen gelten diese Basisparagraphen bei Bauvergaben unterhalb des sog. Schwellenwerts. Bei Vergaben oberhalb dieses Wertes hingegen werden die Basisparagraphen durch die ergänzenden Regelungen nach der

---

[34] vgl. [22], S. 61

EG-Baukoordinierungsrichtlinie (sog. a-Paragraphen) bzw. nach der EG-Sektorenrichtlinie (sog. b-Paragraphen) ergänzt und erweitert.

Die VOB/A wurde entsprechend der EU-Richtlinien (90/153 EWG) mit der Ausgabe 1992 in vier Abschnitte untergliedert. Mit dieser Teilung wollte man den unterschiedlichen Organisationsformen dieser Bereiche innerhalb der EG gerecht werden, um Wettbewerbsnachteile zu unterbinden.[35]

Die Basisparagraphen kommen in den Abschnitten 1 bis 3 zur Anwendung, wobei sie in den Abschnitten 2 und 3 durch spezielle Regelungen ergänzt werden.

Der Abschnitt 1 regelt die Vergabe von Bauaufträgen unterhalb des Schwellenwertes der EG-Baukoordinierungsrichtlinie und der EG-Sektorenrichtlinie durch öffentliche Auftraggeber, die durch die Haushaltsordnungen des Bundes, der Länder und Gemeinden zur Anwendung der VOB/A verpflichtet sind.

Die **Baukoordinierungsrichtlinien**, kurz BKR genannt, gelten für Auftraggeber, die nicht dem Ver- und Entsorgungsbereich – sprich Wasser-, Energie-, Verkehrswegebau sowie Telekommunikation – zugehören. Die Sektorenrichtlinien, kurz SKR genannt, gelten demnach für Auftraggeber, die in diesen Sektoren tätig sind.

Die Regelungen des Abschnitts 2 der VOB/A mit dem Titel **„Basisparagraphen mit ergänzenden Bestimmungen nach der EG-Baukoordinierungsrichtlinie"** gelten für die Vergabe von Bauaufträgen oberhalb des Schwellenwerts mit Ausnahme der Bauaufgaben aus dem Bereich der Trinkwasser- und Energieversorgung sowie des Verkehrs- und Telekommunikationswesens (hierfür gelten Abschnitt 3 bzw. 4). Ist der Schwellenwert überschritten, so ist eine europaweite Vergabe des Bauauftrags vorgeschrieben. Diese wird in Kapitel 3.2.2 erläutert. Im Abschnitt 2 werden die Basisparagraphen um die 14 „a-Paragraphen" als Einbeziehung der EG-Baukoordinierungsrichtlinie in das Vergaberecht ergänzt, womit man den besonderen Anforderungen einer europaweiten Vergabe gerecht wird.[36]

Der Abschnitt 3, der die **Basisparagraphen mit zusätzlichen Bestimmungen nach der SKR** enthält, regelt die Vergabe durch Auftraggeber, die zur Anwendung der EG-Sektorenrichtlinie verpflichtet sind und deren Baumaßnahme den Schwellenwert überschreiten unter der Voraussetzung, dass diese auch die Basisparagraphen anwenden müssen. Vorwiegend gilt der Abschnitt 3 für die Auftraggeber der Öffentlichen Hand.

---

[35] vgl. [22], S. 61
[36] vgl. [30], S. 16

Abschnitt 4 enthält keine Basisparagraphen. Dort wird die Vergabe durch private Auftraggeber, die zur Anwendung der EG-Sektorenrichtlinie verpflichtet sind und deren Baumaßnahme den Schwellenwert überschreiten, geregelt.[37]

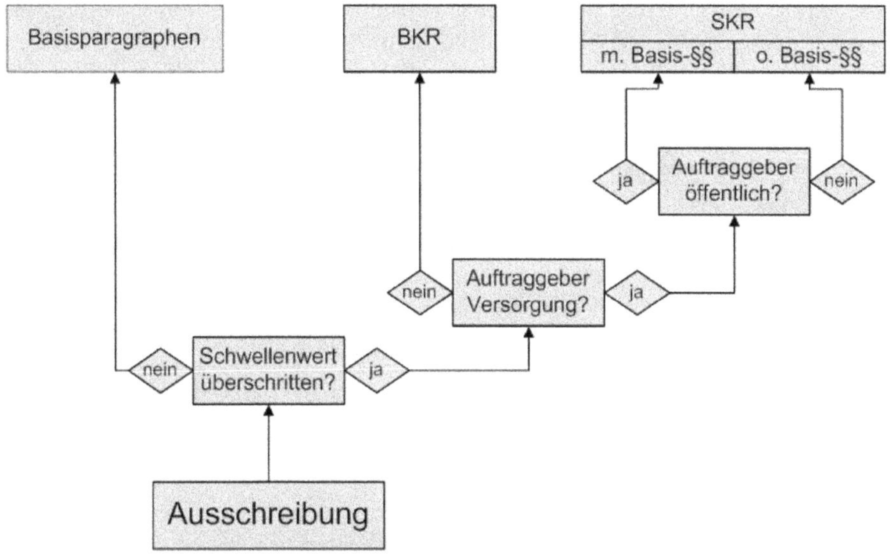

Abbildung 2.6: Anwendung der VOB/A[38]

Im Vergabewesen öffentlicher Bauherren wird die VOB/A bei Vergaben oberhalb der Schwellenwerte uneingeschränkt angewandt. Private Bauherren bzw. Architekten oder Ingenieure klammern den Teil A häufig ganz oder teilweise ausdrücklich aus; z.B. § 22 VOB/A, um das Angebotsergebnis geheim zu halten.[39]

VOB Teil B

Die VOB/B bietet über Jahrzehnte erprobte bauspezifische Regelungen. Diese finden bei allen Bauverträgen der Öffentlichen Hand oberhalb der EU-Schwellenwerte, aber auch bei Vergaben unterhalb dieser Schwellenwerte und bei sehr vielen privat initiierten Bauvorhaben Anwendung.

---

37 vgl. [22], S. 63

38 vgl. [22], S. 62

39 vgl. [33], S. 6

Der Teil B tritt wie in Kapitel 2 erläutert, an die Stelle der einschlägigen Bestimmungen des BGB über den Werkvertrag. Da die VOB/B jedoch weder Gesetz noch Rechtsverordnung ist, muss ihre Gültigkeit bei jedem Vertrag gesondert vereinbart werden. Sie regelt die **„Allgemeinen Vertragsbedingungen für die Ausführung von Bauleistungen“**, d.h. die VOB/B beinhaltet die rechtlichen Beziehungen zwischen Auftraggebern und Auftragnehmern hinsichtlich ihrer Rechte und Pflichten bei der Abwicklung des Bauvertrags in einer für das Bauwesen präziseren Form als das BGB.[40]

Von den Festlegungen der VOB/B abweichenden Formulierungen, die ggf. in den Besonderen und Zusätzlichen Vertragsbedingungen niedergelegt werden, sollten jeweils Hinweise auf die entsprechende, aber anders lautende Bestimmung der VOB/B enthalten. Sie müssen stets bereits in den Vergabe- und Vertragsunterlagen enthalten sein, um den Teilnehmern am Wettbewerb die daraus resultierenden eventuellen Kosten und/oder risikobeeinflussenden Faktoren deutlichen zu machen.[41]

VOB Teil C

Der Teil C der VOB stellt die sogenannten **„Allgemeinen Technischen Vertragsbedingungen“** dar. Hier wird detailliert veranschaulicht, wie die Beschreibung der Leistung zu erfolgen hat, bzw. was unter einer vorgegebenen Leistung zu verstehen ist.

Teil C der VOB besteht aus der „Allgemeinen Regelung für Bauarbeiten jeder Art“ (DIN 18299) und 56 weiteren DIN-Normen (DIN 18300 bis DIN 18451 – ohne fortlaufende Zählung), in denen Regelungen für einzelne Gewerke enthalten sind. Jede DIN-Norm der VOB/C ist nach einem identischen Muster aufgebaut. Bei einem Bauvertrag unter Einbeziehung der VOB werden jedoch nur die Inhalte der Abschnitte 1 bis 5 der einzelnen ATV direkt Bestandteil des Vertrags:[42]

- Abschnitt 0: Hinweise für das Aufstellen der Leistungsbeschreibung
- Abschnitt 1: Geltungsbereich
- Abschnitt 2: Stoffe, Bauteile
- Abschnitt 3: Ausführung
- Abschnitt 4: Nebenleistungen, Besondere Leistungen
- Abschnitt 5: Abrechnung

40 vgl. [30], S. 17
41 vgl. [33], S. 7
42 vgl. [34], S. 86

Während die VOB Teil B vorwiegend rechtlichen Inhalt hat, beziehen sich die Ausführungen des Teils C vordergründig auf die technischen Zusammenhänge innerhalb einzelner Gewerke.

2.1.3 Vertragstypen nach VOB

§ 5 VOB/A

Leistungsvertrag, Stundenlohnvertrag, Selbstkostenerstattungsvertrag

1. Bauleistungen sollen so vergeben werden, dass die Vergütung nach Leistung bemessen wird **(Leistungsvertrag)**, und zwar:
   a) in der Regel zu Einheitspreisen für technisch und wirtschaftlich einheitliche Teilleistungen, deren Menge nach Maß, Gewicht oder Stückzahl vom Auftraggeber in den Verdingungsunterlagen anzugeben ist **(Einheitspreisvertrag)**,
   b) in geeigneten Fällen für eine Pauschalsumme, wenn die Leistung nach Ausführungsart und Umfang genau bestimmt ist und mit einer Änderung bei der Ausführung nicht zu rechnen ist **(Pauschalvertrag)**.
2. Bauleistungen geringeren Umfangs, die überwiegend Lohnkosten verursachen, dürfen im Stundenlohn vergeben werden (**Stundenlohnvertrag**).
3. (1) Bauleistungen größeren Umfangs dürfen ausnahmsweise nach Selbstkosten vergeben werden, wenn sie vor der Vergabe nicht eindeutig und so erschöpfend bestimmt werden können, dass eine einwandfreie Preisermittlung möglich ist **(Selbstkostenerstattungsvertrag)**.
   (2) Bei der Vergabe ist festzulegen, wie Löhne, Stoffe, Gerätevorhaltung und andere Kosten einschließlich der Gemeinkosten zu vergüten sind und der Gewinn zu bemessen ist.
   (3) Wird während der Bauausführung eine einwandfreie Preisermittlung möglich, so soll ein Leistungsvertrag abgeschlossen werden. Wird das bereits Geleistete nicht in den Leistungsvertrag einbezogen, so ist auf klare Leistungsabgrenzung zu achten.

Aufgrund des Prinzips der Vertragsfreiheit gibt es keine einheitlichen und verbindlichen Regelungen zur Aufstellung von Bauverträgen. Deshalb muss sich der Unternehmer, der Preise für Bauleistungen ermittelt, in der Praxis mit den unterschiedlichsten Beschreibungen und Rahmenbedingungen der angefragten Leistungen auseinandersetzen. Die richtige Wahl des Vertragstyps ist dabei, wegen des Kostenrisikos das der Bauherr zu tragen hat, von großer Bedeutung.

§ 5 Nr. 1 VOB/A gibt vor, dass die Vergütung nach Leistung zu bemessen ist. Kleinere Arbeiten dürfen in Stundenlohn vergeben werden (§ 5 Nr. 2 VOB/A).

Für die Erstellung von Bauleistungen sieht die Vergabe- und Vertragsordnung drei verschiedene Vertragstypen vor. Diese werden in den nachfolgenden Abschnitten erläutert. Die Definition der unterschiedlichen Vertragstypen in der VOB bedeutet nicht, dass jeder Bauvertrag ausschließlich einem Vertragstyp entspricht. Häufig sind Mischformen vorhanden.

Es werden im Wesentlichen also die nachfolgenden Vergütungsarten von Bauverträgen unterschieden:

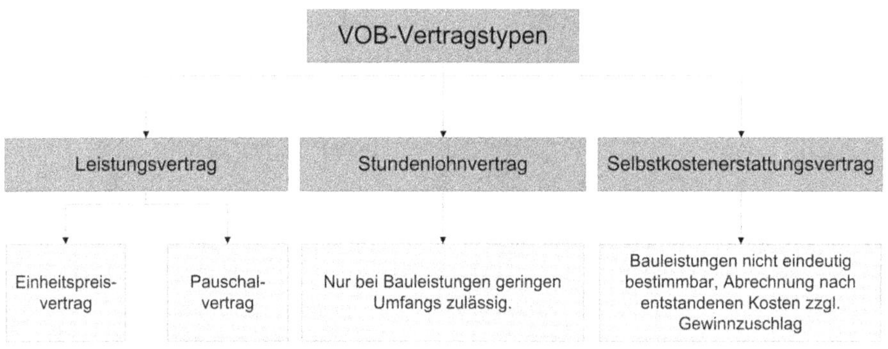

Abbildung 2.7: VOB-Vertragstypen

Hinzuzufügen ist, dass bei Vergaben außerhalb des Anwendungsbereichs der VOB/A die oben angegebenen Vergütungsformen unabhängig von den in der VOB/A genannten Anwendungskriterien frei vereinbart werden können. Der Bieter sollte sich in einem solchen Fall der besonderen Risiken eines jeden Vertragstyps bei Abschluss des Bauvertrages bewusst sein.[43]

Der Einheitspreisvertrag

Da bei den meisten Bauvorhaben bei Vertragsabschluss der Leistungsumfang nicht eindeutig und detailliert genug beschrieben werden kann oder wegen nicht vorherzusehender Schwierigkeiten während der Baudurchführung der genaue Umfang der Leistung nicht bekannt ist, wird in der Regel der Einheitspreisvertrag (EP-Vertrag) abgeschlossen.

---

43 vgl. [30], S. 21

„Aber auch in Fällen einer bereits vor Baubeginn abgeschlossenen Planung empfiehlt sich der Einheitspreisvertrag, wenn sich der Auftraggeber ein größtmögliches Maß an Einflussnahme und Steuerungsmöglichkeiten vorbehalten möchte.“[44]

Im § 5 Nr. 1 VOB/A wird festgelegt, dass Bauleistungen in der Regel zu Einheitspreisen für technische und wirtschaftliche Teilleistungen zu vergeben sind, deren Menge nach Maß, Gewicht oder Stückzahl angegeben werden können. Die Leistungsbeschreibungspflicht liegt bei einem EP-Vertrag grundsätzlich bei dem Besteller. Es wird davon ausgegangen, dass der Bauherr in der Regel ein Leistungsverzeichnis (LV) mit in sich technisch abgrenzbaren Teilleistungen erstellt.

Der Grundsatz, dass die Leistungsbeschreibung mit Leistungsverzeichnis, insbesondere für den öffentlichen Auftraggeber, die Regel bilden soll, ergibt sich nicht nur aus dem Wesen des EP-Vertrages, sondern auch aus Nr. 1.3 VHB Satz 1 zu § 9 VOB/A, wonach: „Die Leistungsbeschreibung mit Leistungsverzeichnis nach § 9 Nr. 3-9 die Regel bleibt.“[45]

Genauere Informationen zum Leistungsverzeichnis werden in Kapitel 3.5.1 gegeben.

Die tatsächlich ausgeführten Mengen werden später aufgemessen und die Leistung als Menge multipliziert mit dem festgelegten Einheitspreis vergütet. Ausschreibungsmengen sind möglichst sorgfältig für die Ausschreibung zu ermitteln. Falls die Planung nicht so präzise ist, dass die Mengen mit ausreichender Genauigkeit ermittelt werden können, besteht die Gefahr, die Preise nach § 2 Nr. 3 VOB/B angepasst werden müssen.[46] Bei Preisabweichungen von mehr als 10% besteht die Möglichkeit, Preise mit Hilfe eines Nachtragsverfahrens anzupassen.

Der Einheitspreisvertrag zeichnet sich dadurch aus, dass die Preisermittlung für den Anbieter relativ einfach durchzuführen ist und der zeitliche sowie finanzielle Aufwand zur Erstellung eines Angebots im Vergleich zu einem pauschalierten Vertrag deutlich niedriger ist. Für den Bauherrn hingegen erhöht sich der Aufwand im Vergleich zu einer funktionalen Ausschreibung jedoch, da alle Leistungen differenziert zu beschreiben sind. Somit sollte eine Ausschreibung für einen Einheitspreisvertrag am Besten erst dann erstellt werden, wenn die Planung so weit fortgeschritten ist, dass mit ausreichender Sicherheit die Teilleistungen beschrieben werden können. Dem EP-Vertrag liegt die Planung des Bauherrn zu Grunde.

---

[44] siehe [23], S. 45
[45] vgl. [2], S.79
[46] vgl. [7], S. 50

Zum Einheitspreisvertrag gibt es eine hohe Rechtssicherheit, da die VOB auf diesen Vertragstyp besonders ausgerichtet ist. Die Rechtsmeinung ist durch zahlreiche Urteile der Oberlandesgerichte und des Bundesgerichtshofs gesichert. Der Bauherr trägt das Risiko, Leistungen bei der Ausschreibung zu vergessen. Generell kann festgestellt werden, dass mit EP-Verträgen die Risiken von Bauherr und Bauunternehmer ausgewogen verteilt sind.[47]

Der Pauschalpreisvertrag

In den letzten Jahren ist festzustellen, dass besonders private Auftraggeber im Rahmen von schlüsselfertigen Vergaben zunehmend zu Pauschalverträgen tendieren. Bei einem Pauschalvertrag werden keine Einheitspreise für Teilleistungen vereinbart, sondern eine Angebotsendsumme als Festpreis für die Durchführung des Bauvorhabens vertraglich festgelegt.[48] Die Vergütung bleibt auch bei Mengenabweichungen gemäß § 2 Nr. 7 (1) VOB/B unverändert. Deshalb kommt der Bestimmung der auszuführenden Mengen eine besondere Bedeutung zu. Fehler bei der Mengenermittlung kommen dann vor, wenn die Mengen-/Massenermittlung nicht mehr mit der notwendigen Sorgfalt und Gewissenhaftigkeit durchgeführt wird.[49] Der Abschluss eines Pauschalvertrags sollte daher auf die Fälle beschränkt sein, in denen zum Zeitpunkt der Vergabe Umfang und Ausführungsart der geforderten Bauleistung genau bestimmt sind und mit Änderungen während der Bauausführung nicht zu rechnen ist.[50] Die Vorteile dieser Bauvertragsform liegen in der vereinfachten Abwicklung des Bauvorhabens in Bezug auf die Abrechnung. Von Nachteil ist jedoch das im Vergleich zum Einheitspreisvertrag höhere Risiko für den Auftragnehmer, da dieser in der Regel das Risiko für die korrekte Massenermittlung im Vorfeld der Bauausführung übernehmen muss. Der Bieter muss sich diesem Wagnis vor Abschluss des Bauvertrags besonders bewusst sein.[51]

Der Bauherr erreicht mit einem Pauschalpreisvertrag in weitem Maße eine Verlagerung seines Kosten- und Terminrisikos auf den Generalunter- oder -übernehmer. Es muss jedoch darauf hingewiesen werden, dass dennoch nicht unbeträchtliche Pflichten beim Auftraggeber verbleiben. Dies bezieht sich insbesondere auf die Erlangung von notwendigen öffentlichen Genehmigungen und auf die rechtzeitige Freigabe von Plänen.

---

47 vgl. [34], S. 89 f.
48 vgl. [30], S. 20
49 vgl. [11], S. 33
50 vgl. § 5 Nr. 1 b VOB/A
51 vgl. [30], S. 20

Im Gegensatz zum EP-Vertrag liegt das Mengenrisiko wie erwähnt beim Pauschalvertrag beim Auftragnehmer. Das Baugrundrisiko jedoch bleibt beim Auftraggeber. Dies fordert auch bei dieser Vertragsform eine außerordentliche Sorgfalt bei der Beschreibung des Baugrundes vom Auftraggeber.

Häufig wird davon ausgegangen, dass die pauschale Vergabe teurer ist als eine Vergabe über Einheitspreisverträge. Begründet wird dies mit der Annahme, dass der Unternehmer für die Übernahme der Risiken Zuschläge einrechnen muss. Generalunternehmer haben sich andererseits aber auch ein spezielles Know-how angeeignet, um diese Risiken minimieren zu können.

Der Stundenlohnvertrag

Bei einem Stundenlohnvertrag bemisst sich die Vergütung nach den angefallenen Lohnstunden des jeweiligen Auftragnehmers. Diese Vergütungsart sollte man nach § 5 Nr. 2 VOB/A daher auf „Bauleistungen geringen Umfangs, die überwiegend Lohnkosten verursachen“ beschränken. Der später abzurechnende Stundenverrechnungssatz wird hierbei im Vorfeld zwischen den Vertragspartnern festgelegt.

Der Stundenlohnvertrag an sich, wird überwiegend bei Reparaturaufträgen angewendet. Häufig kann für solche Arbeiten auch der zeitliche Aufwand recht gut abgeschätzt oder begrenzt werden. Außerdem kommen Stundenlohnverträge zur Anwendung, falls eine Beschreibung der Leistung nur bedingt oder nicht möglich ist. Dieser Fall tritt häufig bei umfangreichen Reparatur- oder Sanierungsarbeiten auf. Dann ist meist eine detaillierte Vorerkundung und Bestandsaufnahme nicht oder nur mit einem unverhältnismäßig großem Aufwand möglich. Zudem gibt es Situationen, wo Bauarbeiten durchgeführt werden müssen und nicht vorhersehbare Behinderungen, zum Beispiel durch betriebliche Abläufe des Bauherrn zu erwarten sind. In diesen Fällen ist es für den Bauunternehmer nicht möglich, die Leistung ohne ungewöhnliches Wagnis zu kalkulieren. Die im Rahmen von Stundenlohnverträgen verbrauchten Baustoffe, Bauhilfsstoffe und sonstige Materialien sowie der Gebrauch von Geräten, werden entweder über vorab vereinbarte Verrechnungssätze oder auf Nachweis, gewöhnlich mit einem vorab vereinbarten Zuschlag als Gemeinkostenumlage verrechnet.

Stundenlohnarbeiten werden regelmäßig im Zusammenhang mit EP-Verträgen vereinbart, so dass letztlich ein Mischvertrag vorliegt.

Im § 15 Nr. 4 VOB/B ist festgelegt, dass Stundenlohnrechnungen alsbald nach Abschluss der Stundenlohnarbeiten, längstens jedoch in Abständen von 4 Wochen einzureichen sind. Diese Regelung ist nicht nur als Schutz des Bauherrn zu verstehen, sondern auch als Schutz des Bauunternehmers, da er sich so die rechtzeitige Bezahlung seiner Leistungen sichert.

Der Selbstkostenerstattungsvertrag

Des Weiteren existiert noch die Vergütungsregelung in Form eines Selbstkostenerstattungsvertrags. Dieser in der VOB/A unter § 5 Nr. 3 vorgegebene Vertrag kommt in der Praxis selten zur Anwendung.

Dieser Vertrag ist für Bauleistungen größeren Umfangs vorgesehen, die einmalig, schwierig und eventuell auf technischem Neuland auszuführen sind, so dass eine sichere Kalkulation nicht möglich ist. Es werden bei der Vergabe die Verrechnung von Löhnen, Stoffen, Geräten und anderen Kosten festgelegt und gleichzeitig Regelungen vereinbart für die Erstattung von Gemeinkosten und des Unternehmergewinns. Beim Selbstkostenerstattungsvertrag liegt somit eine enge Verwandtschaft zum EP-Vertrag vor, da beide Vertragstypen auf der Vereinbarung von Verrechnungssätzen für Löhne, Stoffe und Geräte basieren.[52]

In der Regel ist diese Vertragsform vom Auftraggeber nicht gewünscht. Auftragnehmer hingegen nehmen diese Verträge gerne an, da diese Vertragsform eine gute Möglichkeit darstellt unausgelastete bzw. weniger leistungsfähige Ressourcen einzusetzen. Daraus lässt sich schließen, dass die Abwicklung von Bauvorhaben auf Grundlage dieser Vertragsformen für Unternehmen mit einem hohen Maß an Leistungsfähigkeit in der Regel nicht von Vorteil ist. Insbesondere bei solchen Unternehmen kommen die daraus resultierenden Vorteile ausschließlich dem AG, nicht jdeoch dem AN zugute. Es sollte jedoch bedacht werden, dass gerade in Zeiten zunehmender Risikoübernahmen durch die Bauunternehmen diese Vertragsform bei zuvor fixiertem Gewinnzuschlag von Vorteil sein kann.[53]

2.1.4 Vergabe von Bauleistungen außerhalb des Geltungsbereichs der VOB/A

Neben den zur Anwendung der VOB/A verpflichteten Auftraggebern existiert eine Reihe weiterer Auftraggeber, die Bauleistungen vergeben wollen. Dies sind beispielsweise neben privaten Bauherren von Einfamilienhäusern vor allem Auftraggeber aus dem Bereich des Wirtschafts- und Gewerbebaus, wie Banken, Versicherungen und Industriebetriebe. Ihnen allen ist gemein, dass sie die Regelungen der VOB/A nicht anwenden müssen, dies aber freiwillig tun können.

Nicht an die VOB/A gebundene Bauvergaben basieren allein auf den Regelungen des BGB. Das BGB sieht im Allgemeinen eine Gestaltungsfreiheit von Verträgen vor, so dass sich die zukünftigen Vertragspartner im Vorfeld eines Vertrages mittels

---

52 vgl. [34], S. 98

53 vgl. [30], S. 21

Verhandlungen auf dessen Inhalt, vor allem hinsichtlich Leistung und Vergütung, einigen. Das BGB gibt aber auch für die vorvertragliche Phase einen gewissen Rahmen vor, an den sich die späteren Vertragspartner zu halten haben. Dieser besteht zum einen darin, dass jede Seite der anderen gegenüber eine Sorgfaltspflicht hat. Des Weiteren zählt zu diesen Rahmenbedingungen auch die Einhaltung des Grundsatzes von Treu und Glauben gemäß § 157 bzw. § 242 BGB. Darüber hinaus dürfen sowohl durch das vorvertragliche als auch durch das spätere eigentliche Vertragsverhältnis keine Verstöße gegen andere Gesetze begründet sein. In diesem Zusammenhang seinen exemplarisch Begriffe wie Korruption und Untreue genannt, die unabhängig vom Vergabeverfahren als Straftat zu verfolgen sind.[54]

[54] Ebenda, S. 25

3 Die Ausschreibung

Die Ausschreibung – und zwar die Öffentliche Ausschreibung – ist nach dem Willen des Gesetzgebers das bevorzugte Einkaufsverfahren der Öffentlichen Hand. Die Einzelheiten sind in der Verdingungsordnung für Leistungen (ausgenommen Bauleistungen) von 1936 und der Vergabe- und Vertragsordnung für Bauleistungen von 1926 festgelegt. Dort ist bestimmt, wie eine Ausschreibung im Einzelnen ablaufen soll.[55] Diese Details werden im Folgenden beschrieben.

3.1 Vergabeformen

§ 4 VOB/A

Einheitliche Vergabe, Vergabe nach Losen

1. Bauleistungen sollen so vergeben werden, dass eine einheitliche Ausführung und zweifelsfreie umfassende Haftung für Mängelansprüche erreicht wird; sie sollen daher in der Regel mit den zur Leistung gehörigen Lieferungen vergeben werden.
2. Umfangreiche Bauleistungen sollen möglichst in Lose geteilt und nach Losen vergeben werden (Teillose).
3. Bauleistungen verschiedener Handwerks- oder Gewerbezweige sind in der Regel nach Fachgebieten oder Gewerbezweigen getrennt zu vergeben (Fachlose). Aus wirtschaftlichen oder technischen Gründen dürfen mehrere Fachlose zusammen vergeben werden.

Vor der Erstellung der Verdingungsunterlagen muss festgelegt werden, ob die Bauleistungen nach Gewerken ausgeschrieben und an einzelne Unternehmer vergeben werden sollen oder ob als Auftragnehmer für alle oder mehrere Gewerke ein oder mehrere Generalunternehmer vorzusehen sind.[56]

---

55 vgl. [13], S. 7

56 vgl. [33], S. 20

Es ist somit zu unterscheiden zwischen:

- Paketvergabe und
- Einzelgewerkvergabe.

3.1.1 Paketvergabe

Die Paketvergabe umfasst die gesamte Bauwerkerstellung oder zumindest fachlich zusammengehörende Teilleistungen. Als fachlich logisch werden beispielsweise Gesamtpakete wie die komplette Gebäudekonstruktion, jedoch ohne Fassade, die Gebäudehülle einschließlich der technischen Gebäudeausrüstung oder der vollständige Ausbau ausgeschrieben.

Bei der Paketvergabe wird der Wettbewerb nicht über die Einheitspreise der Komponenten geführt, sondern über einen Paketpreis für einen technisch-logistischen Systemvorschlag. Dies eröffnet ein weites Spektrum an kreativer Innovation und lässt Optimierungen in der Zusammenarbeit mit Herstellern zu. Die Paketvergabe ermöglicht die Integration von Einzelkomponenten zu einem funktionsfähigen System sowie die frühzeitige Abstimmung von System- und Betriebsplanung.[57]

Vergabe an einen Generalunternehmer

Immer mehr Kunden verlangen nach Angeboten aus einer Hand. Stark verbreitet ist der Generalunternehmer (GU), der für die gesamte Bauausführung verantwortlich ist und feste Termine und Preise (Pauschalpreise) anbietet. Er verpflichtet zur Bauausführung meist Subunternehmer. Der Generalunternehmer fungiert als Bindeglied zwischen dem AG und den von ihm eingesetzten Subunternehmern. Die Ziele und Absichten der jeweils anderen Seite werden durchschaubarer und die Möglichkeit eines Konsenses wird wahrscheinlicher. Vertraglich ist der GU einziger Partner des Bauherrn und somit verantwortlich für die frist- und fachgerechte Ausführung des Bauwerks.

Diese Vertragssituation birgt neben einer ganzen Reihe von Risiken – zu erwähnen sind hier vor allem Haftungsfragen – auch eine Anzahl von Chancen bezüglich der Wirtschaftlichkeit, bzw. der Gewinnoptimierung bei der Realisierung von Bauprojekten.[58]

> „Die Vergabe von Bauleistungen verschiedener Art und größeren Umfangs an einen Generalunternehmer kann besonders dann für den Auftraggeber wirtschaftliche, rechtliche und organisatorische Vorteile bieten, wenn die ge-

---

57 vgl. [16], S. 237

58 vgl. [36], S. 49

forderten Bauleistungen ganz oder teilweise auf firmeneigenen Verfahren beruhen."[59]

Allerdings ist bei Baufachleuten auch die Meinung verbreitet, der Einsatz eines GU sei im Vergleich zur herkömmlichen Organisation teurer. Verglichen wird dabei aber zwischen einem schlechten GU und einem guten bauleitenden Architekten.[60]

Es gibt einen weiteren grundlegenderen Einwand gegen den Einsatz von GU: die Trennung zwischen Planung und Bauausführung bleibt bestehen. In der Planung werden aber die für die Höhe der Baukosten und des Nutzens maßgeblichen Entscheidungen getroffen. Dem kann jedoch auf zweifache Weise entgegen gewirkt werden: Entweder durch den Einsatz eines Generalübernehmers oder durch eine Funktionale Ausschreibung, bei der bauausführende Unternehmen eingeladen werden, Entwürfe vorzulegen. Mit beiden Methoden sind aus Auftraggebersicht gute Ergebnisse zu erzielen.[61]

Es ist also festzuhalten, dass durch die Vergabe von Bauleistungen an GU sich sowohl der Bauherr als auch der GU wirtschaftliche und zeitliche Vorteile erhoffen. Anders als bei der Vergabe von Teilleistungen an mehrere Baufirmen wird der Bauherr bei der Vergabe an einen erfahrenen GU entlastet und er übergibt einen Teil der Verantwortung an den GU. Besonders bei Funktionalausschreibungen bietet sich die Bauabwicklung mit einem GU an.

Bei all den Vorteilen treten dennoch Schwierigkeiten immer wieder bei Fragen der Gewährleistung, Koordination der Subunternehmer durch den GU, Festlegung der Termine und Haftung für Schadenersatz auf.[62]

Übersicht über weitere Unternehmereinsatzformen

Der **Generalübernehmer** (GÜ) erbringt selbst keine Bauleistungen, sondern koordiniert lediglich die Bauabwicklung und vergibt alle Bauleistungen. Seine Wertschöpfung reduziert sich somit auf die Ausschreibungen und Vergaben der Fachlose und die Steuerung und Koordination der Bauausführung.[63]

Der **Totalunternehmer** hingegen übernimmt neben der Ausführung auch Planungsleistungen. Er übernimmt also vertraglich die Aufgaben eines Generalunternehmers

59 siehe [33], S. 20
60 vgl. [17], S. 19 f.
61 vgl. [27], S. 76
62 vgl. [36], S. 52
63 vgl. [34], S. 100

sowie die eines Generalplaners. Die gesamte Abwicklung liegt somit in einer Hand.[64]

Der **Totalübernehmer** delegiert neben den Aufgaben des Generalübernehmers auch Planungsaufgaben an Subunternehmer.

3.1.2 Einzelgewerkvergabe

Die Vorteile einer Einzelgewerkvergabe liegen zweifellos in der Tatsache, dass diese seit vielen Jahren Tradition hat und damit einen eingespielten Prozess darstellt. Die Aufgaben und Pflichten der Beteiligten sind in Regelwerken, Normen und Vorschriften festgeschrieben. Ein weiterer Vorteil ist die Flexibilität der Einzelgewerkvergabe. Wenn nicht ein Gesamtpreis für das vollständige Bauwerk bzw. für gebündelte Teile des Bauwerks vereinbart worden ist, können auch während der Ausführung noch Änderungen beantragt werden. Weiterhin können einzelne Gewerke Schritt für Schritt an den Genehmigungsprozess angepasst sowie zeitversetzt nach Abschluss der Ausführungsplanung ausgeschrieben und vergeben werden. Eine solche Einzelgewerkvergabe, die stufenweise ausgeschrieben wurde, hat man auch in dem bereits geschilderten Fallbeispiel angewendet.

Der Nachteil der Einzelgewerkvergabe liegt in der Beschränkung des Wettbewerbs auf ein Komponentenangebot. Es wird lediglich derjenige Anbieter gesucht, der technisch vorgegebene Einzelkomponenten am wirtschaftlichsten ausführt. Es findet kein Wettbewerb der Ausführungsmethoden oder der Systemintegration statt. Dies erfordert abermals auf Seiten des Bauherrn einen erheblichen Koordinationsaufwand mit einem anspruchsvollen Schnittstellenmanagement. Was wiederum ausgewählter Spezialisten bedarf, die nicht nur Erfahrungen im Komponentenbereich, sondern übergreifendes Verständnis für das Zusammenspiel aller technischen Belange einer Systemlösung mitbringen.[65]

---

[64] vgl. [36], S. 48

[65] vgl. [16], S. 237

3.2 Vergabearten

§ 3 VOB/A
Arten der Vergabe

1. (1) Bei **Öffentlicher Ausschreibung** werden Bauleistungen im vorgeschriebenen Verfahren nach öffentlicher Aufforderung einer unbeschränkten Zahl von Unternehmern zur Einreichung von Angeboten vergeben.
(2) Bei **Beschränkter Ausschreibung** werden Bauleistungen im vorgeschriebenen Verfahren nach Aufforderung einer beschränkten Zahl von Unternehmern zur Einreichung von Angeboten vergeben, gegebenenfalls nach öffentlicher Aufforderung, Teilnahmeanträge zu stellen (Beschränkte Ausschreibung nach Öffentlichem Teilnahmewettbewerb).
(3) Bei **Freihändiger Vergabe** werden Bauleistungen ohne ein förmliches Verfahren vergeben.
2. Öffentliche Ausschreibung muss stattfinden, wenn nicht die Eigenart der Leistung oder besondere Umstände eine Abweichung rechtfertigen.
3. (1) Beschränkte Ausschreibung ist zulässig,
a) wenn die Öffentliche Ausschreibung für den Auftraggeber oder die Bewerber einen Aufwand verursachen würde, der zu dem erreichbaren Vorteil oder dem Wert der Leistung im Missverhältnis stehen würde,
b) wenn eine Öffentliche Ausschreibung kein annehmbares Ergebnis gehabt hat,
c) wenn die Öffentliche Ausschreibung aus anderen Gründen (z.B. Dringlichkeit, Geheimhaltung) unzweckmäßig ist.
(2) Beschränkte Ausschreibung nach Öffentlichem Teilnahmewettbewerb ist zulässig,
a) wenn die Leistung nach ihrer Eigenart nur von einem beschränkten Kreis von Unternehmern in geeigneter Weise ausgeführt werden kann, besonders wenn außergewöhnliche Zuverlässigkeit oder Leistungsfähigkeit (z.B. Erfahrung, technische Einrichtungen oder fachkundige Arbeitskräfte) erforderlich ist,
b) wenn die Bearbeitung des Angebots wegen der Eigenart der Leistung einen außergewöhnlich hohen Aufwand erfordert.
4. Freihändige Vergabe ist zulässig, wenn die Öffentliche Ausschreibung oder Beschränkte Ausschreibung unzweckmäßig ist, besonders

a) weil für die Leistung aus besonderen Gründen (z.B. Patentschutz, besondere Erfahrung oder Geräte) nur ein bestimmter Unternehmer in Betracht kommt,
b) weil die Leistung nach Art und Umfang vor der Vergabe nicht eindeutig und erschöpfend festgelegt werden kann,
c) weil sich eine kleine Leistung von einer vergebenen größeren Leistung nicht ohne Nachteil trennen lässt,
d) weil die Leistung besonders dringlich ist,
e) weil nach Aufhebung einer Öffentlichen Ausschreibung oder Beschränkten Ausschreibung eine erneute Ausschreibung kein annehmbares Ergebnis verspricht,
f) weil die auszuführende Leistung Geheimhaltungsvorschriften unterworfen ist.

Die Verfahrensarten der Auslobung werden nach nationalen Vergabeverfahren und europaweiten Vergaben unterschieden, welche sich wiederum in jeweils 3 Ausschreibungsarten unterteilen. Die folgende Abbildung stellt die Vergabearten in einer Übersicht dar:

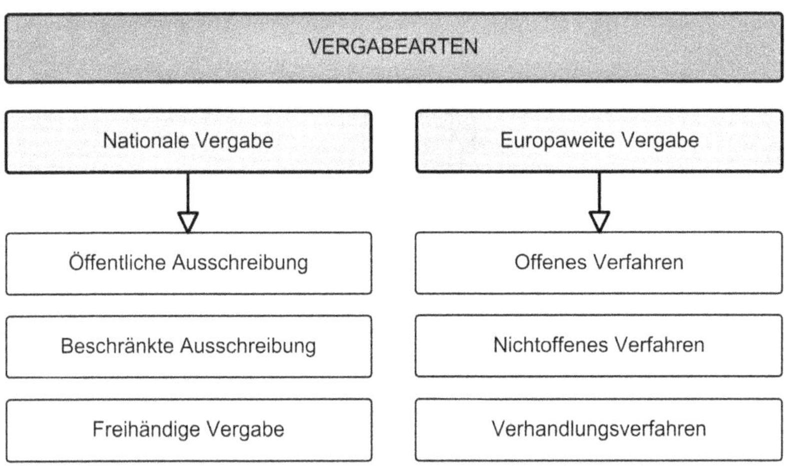

Abbildung 3.1: Vergabearten

3.2.1 Nationale Vergabe

Die Vergabe- und Vertragsordnung für Bauleistungen sieht in den Allgemeinen Bestimmungen für die Vergabe von Bauleistungen (VOB/A, DIN 1960) auf nationaler Ebene grundsätzlich folgende drei Arten der Vergabe vor:

- **Öffentliche Ausschreibung,**
  d.h. Aufforderung zur Abgabe eines Angebots an eine unbeschränkte Zahl von Unternehmern.
- **Beschränkte Ausschreibung,**
  d.h. Aufforderung zur Abgabe eines Angebots an eine beschränkte Anzahl ausgewählter Unternehmer.
- **Freihändige Vergabe,**
  d.h. Vergabe ohne ein förmliches Verfahren auf der Grundlage eines Angebots. Diese Vergabeart wird angewendet, wenn keine Wettbewerbssituation gegeben ist.

Einzelheiten zu diesen Vergabearten sind in § 3 VOB/A geregelt. Diese Festlegungen sind für die Vergabe von Bauleistungen der Öffentlichen Hand vorgeschrieben; bei privaten Bauvorhaben können sie auf freiwilliger Basis angewendet werden.

Öffentliche Ausschreibung

Bei der Öffentlichen Ausschreibung können alle interessierten Unternehmer um die Aushändigung der Verdingungsunterlagen bitten und auf deren Grundlage ein Angebot abgeben.

Aus § 2 Nr. 1 VOB/A folgt, dass bei dieser Ausschreibungsart der Wettbewerb die Regel ist. Daher ist etwa eine regionale Beschränkung untersagt. Die Ausschreibung muss sich vielmehr an alle in Betracht kommenden Gewerbezweige im Bundesgebiet richten und ist gemäß § 17 Nr. 1 VOB/A in amtlichen Veröffentlichungsblättern, Tageszeitungen oder Fachzeitschriften bundesweit bekannt zu machen. In den Veröffentlichungen wird die zu erbringende Bauleistung in Bezug auf Art und Umfang der Leistung, Ausführungstermine, Ort und Zeit des Eröffnungstermins, Zuschlagsfrist und Stellen näher beschrieben, bei denen die Verdingungsunterlagen eingesehen, abgeholt oder angefordert werden können.[66]

---

[66] vgl. [22], S. 64

Objekt: Grundschule

Auftraggeber:

Vergabeverfahren: Öffentliche Ausschreibung nach VOB/A, § 3 (1)

Ausführungsort:

Umfang: Hochbauarbeiten zur Erweiterung einer Grundschule

1. **Stahlbauarbeiten**
   - Außenstahltreppen als Fluchttreppe: Gerade, mit Zwischen- und Austrittspodest, H=ca. 4m, B=1,25m
2. **Abbruch-, Maurer und Betonarbeiten**
   - ca. 120m² Abbruch Dachgeschoss (Dach, Dachstuhl, Außenmauerwerk)
   - ca. 6m³ Einzelfundamente
   - ca. 350m² Geschossdecken (Spannbeton)
   - ca. 15m³ St-Beton Unterzüge, Überzüge, Träger, Stürze
   - 2 Stk. Betontreppe 23Stg.
   - ca. 290m² Mauerwerk
3. **Aluminiumfenster**
   - ca. 45m² Aluminiumfenster
   - ca. 28lfdm. Fensterbänke
4. **Zimmerer- und Holzarbeiten**
   - ca. 65m² Holzrahmenkonstruktion für Attika
   - ca. 180m² Holzunterkonstruktion (Dach 5°) für Dacheindeckung
5. **Dachdecker- und Klempnerarbeiten**
   - ca. 60lfdm. Attikaabdeckung
   - ca. 180m² Dacheindeckung (Sandwichelemente)

Ausführungsfrist: XX – XX. KW 200X

Anforderung: beim o.g. Auftraggeber
Bauamt, Zimmer XX

Gebühr: je 22,00 €, zuzüglich jeweils 2,00 € bei Postversand. Das eingezahlte Entgelt wird nicht erstattet

Angebotsabgabe: beim Auftraggeber bis XX.XX.200X
1) 10:00 Uhr
2) 10:30 Uhr
3) 11:00 Uhr
4) 11:30 Uhr
5) 12:00 Uhr

Bieter: Zugelassen sind Bieter oder ihre Bevollmächtigten

Eröffnung: beim Auftraggeber am XX.XX.200X
1) 10:00 Uhr
2) 10:30 Uhr
3) 11:00 Uhr
4) 11:30 Uhr
5) 12:00 Uhr

Sicherheiten: gemäß §§ 14 VOB/A und 17 VOB/B
5% der Auftragssumme/Abrechnungssumme für die Gewährleistung

Zahlungsbedingungen: gemäß § 16 VOB/B

Nachweise: gemäß § 6 Nr. 3 VOB/A

Zuschlags-/Bindefrist: XX.XX.200X

Sonstiges:
Vergabeprüfstelle gem. § 31 VOB/A
Kreis XXXXX, Postfach XXXX

Abbildung 3.2: Beispiel – Öffentliche Ausschreibung

Beschränkte Ausschreibung

Neben der Öffentlichen Ausschreibung gibt es die Beschränkte Ausschreibung. Hierbei bestimmt die ausschreibende Behörde, wer am Wettbewerb um einen Auftrag teilnehmen kann. Es wird jeweils nur ein ausgewählter Kreis von Anbietern zur Angebotsabgabe aufgefordert. Der Zugang zum Wettbewerb ist geschlossen und der Ausschreibungstext wird nicht veröffentlicht. Bei einer beschränkten Ausschreibung werden den von dem Bauherrn oder seinem Beauftragten ausgewählten Unternehmen die Verdingungsunterlagen mit einem Anschreiben (siehe Formblatt in Kapitel 7.3: Formblatt – Aufforderung zur Abgabe eines Angebotes[67]) ohne vorherige Bekanntmachung zugesandt.

Diese Form der Ausschreibung wird meist bei besonders schwierigen oder Spezialkenntnisse erfordernden Bauvorhaben angewandt.

Der § 8 Nr. 2 (2) VOB/A bestimmt, dass bei beschränkter Ausschreibung von Bauleistungen „nur 3 bis 8" fachkundige, leistungsfähige und zuverlässige Bewerber angesprochen werden sollen.

Ferner soll unter den Bewerbern gewechselt werden.[68] Bei beschränkter Ausschreibung kann die Zahl der aufzufordernden Unternehmer durch ein Vorvergabeverfahren in Form eines öffentlichen Teilnahmewettbewerbs ermittelt werden. Findet ein solcher öffentlicher Teilnahmewettbewerb statt, so ist ebenfalls durch Veröffentlichung in Tageszeitungen, amtlichen Veröffentlichungsblättern oder Fachzeitschriften bundesweit zur Teilnahme aufzufordern (§ 17 Nr. 2 (1) VOB/A).[69]

Die Beschränkte Ausschreibung ist zulässig, wenn eine Öffentliche Ausschreibung kein annehmbares Ergebnis gebracht hat.[70] Das kann der Fall sein, wenn die Angebotspreise allgemein überhöht sind oder unangemessen niedrig erscheinen, den Bietern die Eignung fehlt oder die Angebote aus anderen (z.B. technischen) Umständen unannehmbar im Sinne des § 25 Nr. 3 VOB/A sind. Nun kann der Auftraggeber nach Aufhebung einer Öffentlichen Ausschreibung beschränkt ausschreiben oder sogar freihändig Aufträge vergeben, wenn ansonsten kein annehmbares Ergebnis zu erwarten ist. Außerdem ist in Fällen von Dringlichkeit oder Geheimhaltung die Beschränkte Ausschreibung das gängige Verfahren.

---

67 Formblatt gemäß [25]

68 vgl. § 8 Nr. 2 (3) VOB/A

69 vgl. [35], S. 26

70 vgl. § 3 Nr. 3 (1) b VOB/A

Freihändige Vergabe

Die Freihändige Vergabe ist kein förmliches Vergabeverfahren. Es bleibt dem AG überlassen, welchen Verhandlungsweg er mit dem Ziel einer Auftragsvergabe einschlagen will. Für den öffentlichen Auftraggeber bleiben aber zumindest die „Formalitäten" der Bindefrist (§ 19 Nr. 4 VOB/A), der Kosten (§ 20 Nr. 1 (2) und Nr. 2 (2) VOB/A), des Eröffnungstermins (§ 22 Nr. 7 VOB/A), der Prüfung der Angebote (§ 23 Nr. 3 (3) VOB/A) und der Wertung (§ 25 Nr. 5 VOB/A), bindend. Nach § 3 Nr. 4 VOB/A soll eine Freihändige Vergabe nur erfolgen, wenn eine öffentliche oder Beschränkte Ausschreibung unzweckmäßig ist. Dabei sind die aufgelisteten Kriterien als Regelbeispiele anzusehen. So besteht die Möglichkeit zur Freihändigen Vergabe, wenn nur ein bestimmter Unternehmer für die Leistung infrage kommt oder z.B. die Leistung weder in qualitativer noch in quantitativer Hinsicht eindeutig und erschöpfend abgegrenzt werden kann. Ferner ist eine solche Vergabe sinnvoll, falls die Leistung besonders dringlich ist. Darüber hinaus bietet sich eine Freihändige Vergabe an, wenn trotz erfolgloser öffentlicher oder beschränkter Ausschreibung eine Leistung dennoch vergeben werden soll oder wenn diese besonderen Genehmigungen unterworfen sind.[71]

3.2.2 Europaweite Vergabe

In den letzten Jahren hat es erhebliche Änderungen im nationalen Vergaberecht gegeben, welche im Wesentlichen auf die Richtlinien der Europäischen Union zurückzuführen sind. Bereits 1971 wurde die Baukoordinierungsrichtlinie (71/305/EWG) verabschiedet. Sie regelt die Vergabe von öffentlichen Bauaufträgen und verpflichtet öffentliche Auftraggeber zur EU-weiten Ausschreibung von Aufträgen mit einem Gesamtvolumen oberhalb des sogenannten Schwellenwerts.

Schwellenwerte

Der deutsche Gesetzgeber hat die Geltung der §§ 97ff. GWB auf Aufträge ab bestimmten Schwellenwerten beschränkt.

Die Schwellenwerte für Bau- und Dienstleistungsaufträge ergeben sich aus § 2 Nr. 1-4 VgV.

Unterhalb der Schwellenwerte besteht keine europaweite Ausschreibungspflicht.

Für Bauaufträge muss der Auftragswert des Gesamtauftrags ermittelt werden (§ 3 Abs. 7 VgV, § 1a Nr. 1 Abs. 1 VOB/A). Die Grundlage der Bestimmung des

71 vgl. [30], S. 22

Schwellenwerts bildet in allen Fällen die Schätzung des Auftragswerts ohne Umsatzsteuer im Zeitpunkt der Vergabebekanntmachung.

> Aufträge dürfen nicht mit der Absicht, die Schwellenwerte nicht zu überschreiten, geteilt werden. Bedarfspositionen sind einzubinden.
> BayObLG, Urteil vom 18.06.2002-Verg 08/02

Die Summe der Auftragswerte aller für die Erstellung der baulichen Anlagen benötigten Leistungen, bildet den Gesamtauftragswert. Nicht zum Gesamtauftragswert gehören z.B. Vermessungskosten, Kosten für Grunderwerb und öffentliche Erschließung, Baunebenkosten, Kosten für bewegliche Gegenstände der Ausstattung und Einrichtung sowie etwa zu zahlende Entschädigungen und Schadenersatzleistungen.[72]

Die Europäische Kommission hat mit Datum vom 04. Dezember 2007 die EG-Schwellenwerte zum Vergaberecht durch Verordnung (EG) Nr. 1422/2007 neu festgesetzt. Diese Verordnung wurde im Amtsblatt L 317/34 der Europäischen Union vom 05. Dezember 2007 veröffentlicht und trat am 01. Januar 2008 in Kraft. EG-Verordnungen sind unmittelbar anwendbar, ohne dass es eine Änderung des § 2 VgV bedarf.

Inhaltlich sind die Schwellenwerte der EU-Vergaberichtlinien 2004/17/EG und 2004/18/EG zum 01.01.2008 durchgehend gesenkt worden. Dies bedeutet, dass öffentliche Aufträge nunmehr ab einem geringeren Schwellenwert als bislang den Vorschriften des Vierten Teils des Gesetzes gegen Wettbewerbsbeschränkungen (GWB) unterliegen und EU-weit ausgeschrieben werden müssen.

Für kommunale Auftragsvergaben ergeben sich im Wesentlichen folgende **aktuelle Schwellenwerte**:

VOB-Vergaben:

Der Schwellenwert für eine EU-weite Bekanntmachung wurde von 5,278 Mio. Euro auf **5,150 Mio. Euro** gesenkt.

VOL- und VOF-Vergaben:

Der Schwellenwert für eine EU-weite Bekanntmachung wurde von 211.000 Euro auf 206.000 Euro gesenkt.

Sektorenauftraggeber (Trinkwasser-, Energieversorgungs- oder Verkehrsbereich):

---

[72] vgl. [35], S. 28

Der Schwellenwert für eine EU-weite Bekanntmachung wurde von 422.000 Euro auf 412.000 Euro abgesenkt.[73]

Es bleibt darauf hinzuweisen, dass im Falle von Verstößen gegen das Gebot einer EU-weiten Ausschreibung durch eine fehlerhafte Anwendung der Verordnung (EG) Nr. 1422/2007 – zum Beispiel durch Unterstellung unzutreffender Schwellenwerte – die EU-Kommission Vertragsverletzungsverfahren einleiten könnte.[74]

Unterschied zur Nationalen Ausschreibung

Der wesentliche Unterschied zwischen einer Ausschreibung auf nationaler Ebene und einer europaweiten Ausschreibung liegt in den jeweiligen Vergabearten welche in § 101 Abs. 1 GWB (bzw. § 2 VgV) genannt werden. Diese sind unterschiedlich bezeichnet und aufgebaut.

Dem Verfahren der Öffentlichen Ausschreibung entspricht auf EU-Ebene das **Offene Verfahren**[75]. Im Offenen Verfahren werden ebenso wie bei der Öffentlichen Ausschreibung die Bauleistungen nach öffentlicher Aufforderung an eine unbeschränkte Zahl von Unternehmen vergeben. Kennzeichnend für dieses Verfahren ist dessen schematisch vorgegebener Ablauf und dessen besondere Formstrenge. Die Formstrenge bedingt, dass die Angebote nach Ablauf der Angebotsfrist inhaltlich nicht veränderbar sind.[76]

Der Beschränkten Ausschreibung nach öffentlichem Teilnahmewettbewerb ist das **Nichtoffene Verfahren**[77] gegenüberzustellen. Hierbei werden die Bauleistungen nach Aufforderung einer beschränkten Zahl von Unternehmen zur Einreichung von Angeboten mitgeteilt. Das Nichtoffene Verfahren entspricht in der Formstrenge dem Offenen Verfahren.

An die Stelle der Freihändigen Vergabe, bei der die Aufträge ohne förmliches Verfahren vergeben werden, tritt bei der EU-weiten Ausschreibung das **Verhandlungsverfahren**[78] ein, das in der Regel mit vorheriger Vergabebekanntmachung durchgeführt wird. Beim Verhandlungsverfahren wendet sich der Auftraggeber an ausgewählte Unternehmer und verhandelt mit einem oder – möglichst – mehreren dieser

---

[73] vgl. [39]

[74] vgl. [39]

[75] ergänzend siche: § 3a Nr. 1a, Nr. 2 VOB/A, § 3b Nr. 1a, § 3 Nr. 2a VOB/A-SKR

[76] vgl. [18], S. 26

[77] ergänzend siehe: § 3a Nr. 1, Nr. 3 VOB/A, § 3b Nr. 1b, § 3 Nr. 2b VOB/A-SKR

[78] ergänzend siehe: § 3a Nr. 1c, Nr. 4, Nr. 5 VOB/A, § 3b Nr. 1c, § 3 Nr. 2c VOB/A-SKR

Unternehmer den Auftragsinhalt; in der Regel ist eine vorherige Bekanntmachung vom AG vorzunehmen.[79]

Wettbewerblicher Dialog

Der Gesetzgeber hat mit dem ÖPP-Beschleunigungsgesetz eine neue Verfahrensart eingeführt; den Wettbewerblichen Dialog.[80]

In einem Wettbewerblichen Dialog wird ein besonders komplexer Auftrag in einem gestuften Verfahren vergeben. Dieses Verfahren ist nach Auffassung der Europäischen Kommission insbesondere für ÖPP-Vorhaben geeignet. Bisher wurde in Deutschland bei ÖPP-Vorhaben zumeist das o.g. Verhandlungsverfahren ausgewählt.[81] Voraussetzung für die Anwendung des Wettbewerblichen Dialogs ist, dass ein „besonders komplexer Auftrag“ vergeben werden soll (§ 101 Abs. 5 S. 1 GWB).

3.3 Elektronische Vergabe

Der Datenaustausch im Bereich der Ausschreibung, Vergabe und Abrechnung von Bauleistungen (kurz AVA) verlagert sich zunehmend von CD-ROMs auf den elektronischen Weg über das Internet. Bereits im Jahr 2000 hat die Europäische Kommission eine Richtlinie erlassen, die alle Mitgliedsstaaten verpflichtete bis zum 17.01.2002 die technischen und rechtlichen Voraussetzungen für den elektronischen Geschäftsverkehr zu schaffen.[82]

Entscheidende rechtliche Schritte für die elektronische Abwicklung von öffentlichen Aufträgen sind in Deutschland im Jahr 2001 mit der Neufassung der Vergabeverordnung, der entsprechenden Anpassung der Verdingungs- bzw. Vergabeordnungen (VOB, VOL, VOF), der Novellierung des Signaturgesetzes (SigG) und der Verabschiedung der neuen Verordnung zur elektronischen Signatur (SigV) sowie dem Gesetz zur Anpassung der Formvorschriften des Privatrechts und anderer Vorschriften an den modernen Rechtsgeschäftsverkehr (Formvorschriftenanpassungsgesetz) in Kraft gesetzt worden. Diese Änderungen ermöglichen neben der Angebotsabgabe in Papierform auch eine Angebotsabgabe auf elektronischem Weg und damit eine ganzheitliche Digitalisierung des Vergabeprozesses.

---

79 vgl. [35], S. 26

80 § 101 Abs. 1 S.1 GWB i.V.m. § 6a VgV

81 vgl. [18], S. 28

82 National umgesetzt durch das Gesetz über rechtliche Rahmenbedingungen für den elektronischen Geschäftsverkehr (Elektronischer Geschäftsverkehr-Gesetz - EGG), BGBl. I 2001, 3721

Für den Einsatz von computergestützten Arbeitsabläufen gelten sämtliche rechtlichen Bedingungen, wie sie sich aus dem BGB und der VOB ergeben[83]. Ebenso sind die einschlägigen Bestimmungen der DIN-Normen wie bei konventioneller Bauabwicklung maßgebend. Ergänzend sind die gesetzlichen Bestimmungen über den Datenschutz zu beachten. Dies gilt vorrangig für den Datenaustausch.

In Hinblick auf die elektronische Vergabe (e-Vergabe) stehen seit 2004 im Internet bereits einige Vergabeplattformen für private und öffentliche Ausschreibungen nach VOB zur Verfügung. Solche Internet-Plattformen unterstützen auch den rechtsverbindlichen und verwaltungskonformen Vergabeprozess sowie die rechtsverbindliche, qualifizierte elektronische Signatur. Moderne AVA-Systeme können problemlos in einige dieser E-Vergabe-Plattformen eingebunden werden. Als Mitglied im Teilnehmerkreis einer Ausschreibungsdatenbank kann der Auftragnehmer aus vielen verschiedenen Bauprojekten nach Ausführungstermin, Leistungsumfang oder Leistungskomplexität wählen.

Der Zugriff auf die Ausschreibungen erfolgt mit Hilfe einer Suchfunktion, welche meist zahlreiche unterschiedliche Funktionalitäten und Suchkriterien bietet. Wird man bei der Suche fündig, so können die Verdingungsunterlagen nach Authentifizierung auf elektronischem Weg angefordert oder direkt heruntergeladen werden. Wenn sich ein Unternehmen für die Teilnahme an einer Ausschreibung entscheidet, füllt es die Angebotsunterlagen aus und versieht diese mit der persönlichen digitalen Signatur. Das Angebot wird dann verschlüsselt dem Auftraggeber übermittelt und zum Submissionstermin automatisch geöffnet.

Kleinere, teilnahmewillige Unternehmen sehen jedoch noch einige Eintrittsbarrieren, welche sich sowohl auf die technische Ausstattung des Betriebs als auch auf die Qualifikation der Mitarbeiter erstrecken. Es wird ein internetfähiger Arbeitsplatz benötigt und es muss die Möglichkeit zur Erstellung einer digitalen Signatur gegeben sein. Hierfür sind eine Signaturkarte sowie ein Kartenlesegerät notwendig. Die Kosten für die Anschaffung liegen derzeit bei etwa 150 Euro. Hinzu kommt eine jährliche Gebühr für die Signaturkarte.

Kommunen und Gemeinden vergeben meist Projekte von geringerem Umfang, so dass die potentiellen Bieter vorwiegend kleine mittelständische Betriebe und Einzelhandwerksunternehmen sind, welche bis heute nur wenig bis gar keine Erfahrungen mit der elektronischen Vergabe gemacht haben.

Das Effizienzsteigerungspotential im öffentlichen Vergabewesen lässt sich langfristig nur durch eine behutsame Einführung von e-Vergabe-Prozessen erreichen.

---

[83] siehe Kapitel 2

In diesem Zusammenhang muss berücksichtigt werden, inwiefern davon auszugehen ist, dass potentielle Bieter sich bereits mit dieser Thematik auseinandergesetzt haben und vor allem willens sind, diesen Vergabeprozess anzunehmen.

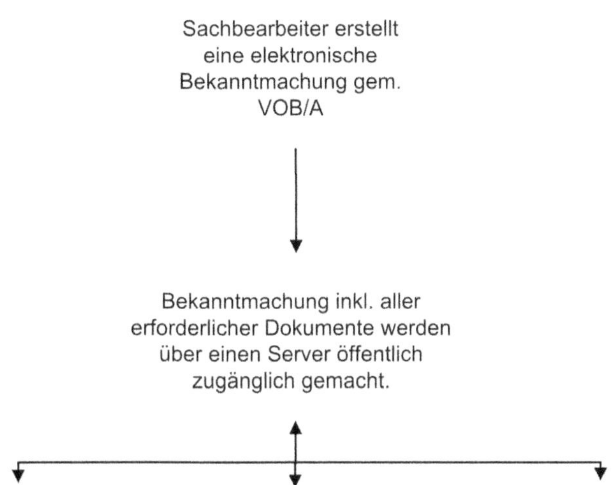

Abbildung 3.3: e-Vergabeprozess

Die Vorteile dieses Verfahrens liegen zum einen in der Verwaltungsmodernisierung durch den effizienteren Umgang mit den Daten, welche nicht mehr auf dem Medium Papier bearbeitet werden müssen, zum anderen an der Erreichbarkeit von neuen Interessenten in einem räumlich nahezu unbegrenzten Einzugsgebiet. Neben dem enormen zeitlichen Aufwand der persönlichen Bearbeitung und des Suchens geeigneter Ausschreibungen sowie dem Postweg, erspart diese Vorgehensweise dem öffentlichen Auftraggeber zusätzlich Prozesskosten für Porto, Papier und Vervielfältigung. Des Weiteren reduziert sich der Aufwand für Ablage und Archivierung auf ein Minimum. Aufgrund spezieller Software, welche die entsprechenden Sachbearbeiter unterstützt, wird eine höhere Rechtssicherheit erreicht und zur Vermeidung formaler Fehler beigetragen. Außerdem wird durch die digitale Abwicklung eines Vergabeprozesses eine höhere Transparenz gewährleistet, was die Mitarbeiter der öffentlichen Verwaltung vor Korruptionsangriffen schützen kann. Aufgrund der erhöhten Angebotstransparenz findet ein verstärkter Bieterwettbewerb statt, was letztlich dazu führt, dass Einsparungen bei den Einkaufspreisen erzielt werden können. Insgesamt wird also eine schnellere, benutzerfreundlichere und wirtschaftlichere Kommunikation zwischen AG und AN ermöglicht.[84]

Derzeit sind in vielen Fällen erst Teilschritte des Vergabeprozesses digitalisiert. Ausganspunkt ist allgemein die digitale Bekanntmachung der Ausschreibungen im Internet. Der Unterschied zwischen sogenannten Ausschreibungs- und Vergabeplattformen besteht darin, dass Ausschreibungsplattformen keine digitale Angebotsabgabe ermöglichen. Im Folgenden ist eine Übersicht für ausgewählte Internetplattformen für die Vergabe öffentlicher Aufträge zu finden.[85]

Tabelle 3.1: Überblick ausgewählter Plattformen für öffentliche Aufträge

Name	**Fokussierung**	**digitale Bekanntmachung**
Ausschreibungen auf europäischer Ebene		
http://ted.publications.eu.int/official	keine	unterstützt
http://www.ausschreibungs-abc.de	keine	unterstützt
Ausschreibungen auf Bundesebene		
http://www.evergabe-online.de	keine	unterstützt
http://www.subreport-elvis.de	keine	unterstützt
Ausschreibungen auf Landesebene		
http://www.vergabe.nrw.de	Bauleistungen	unterstützt
http://vergabe.niedersachsen.de	keine	unterstützt
Ausschreibungen auf kommunaler Ebene		
http://www.duesseldorf.de	Bauleistungen	unterstützt
http://vergabe.bremen.de/index.html	Bauleistungen	unterstützt
http://www.vergabe.berlin.de	Bauleistungen	unterstützt

In einer weiteren Entwicklung umfassen sogenannte Internet-Markplätze (Bauportale) Plankoordination und Projektmanagement für die Abwicklung komplexer Bauvorhaben. Sie bieten eine Plattform miteinander verknüpfter Internetanwendungen. Bauportale koordinieren die Kommunikation nach der Vergabe. Projektbezogene, beteiligte Partner können sich in sogenannten virtuellen Projekträumen zusammenschließen, was ihnen über die integrierten Projekt-, Kommunikations- und Management- Systeme (PKMS) oder sogenannte Collaboration Tools die Kommunikation und den Austausch von Dokumenten untereinander über eine zuvor festgelegte

[84] vgl. [38], S. 3
[85] Ebenda, S. 6

Rechtsstruktur ermöglicht. Der gesamte Projektablauf wird auf geeigneten Medien archiviert und ist im Bedarfsfall schnell einsehbar. Ein Vergleich der Abbildung 3.4_und der Abbildung 3.5 verdeutlicht den Vorteil der Kommunikation über Bauportale.

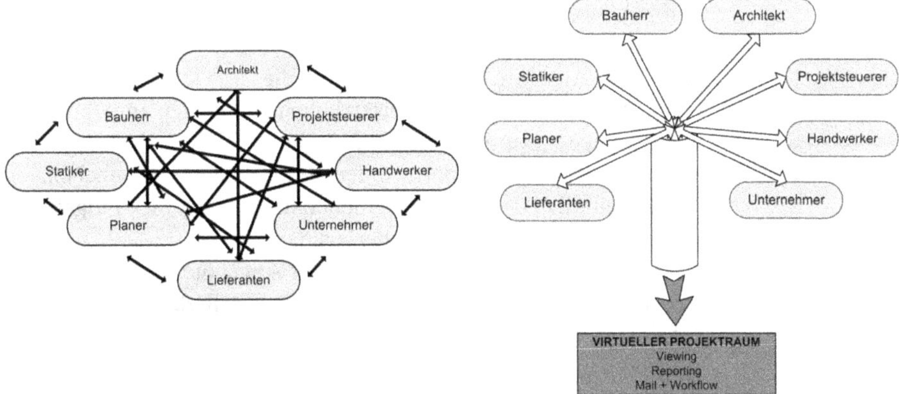

Abbildung 3.4: Herkömmliche Kommunikation

Abbildung 3.5: Kommunikation über Bauportale

3.4 Bekanntmachung einer Ausschreibung

§ 17 VOB/A
Bekanntmachung, Versand der Vergabeunterlagen

1. (1) Öffentliche Ausschreibungen sind bekannt zu machen, z.B. in Tageszeitungen, amtlichen Veröffentlichungsblättern oder auf Internetportalen.
(2) Diese Bekanntmachungen sollen folgende Angaben enthalten:
a) Name, Anschrift, Telefon-, Telefaxnummer sowie E-Mailadresse des Auftraggebers (Vergabestelle),
b) gewähltes Vergabeverfahren,
c) Art des Auftrags, der Gegenstand der Ausschreibung ist,
d) Ort der Ausführung,
e) Art und Umfang der Leistung, allgemeine Merkmale der baulichen Anlage,

f) falls die bauliche Anlage oder der Auftrag in mehrere Lose aufgeteilt ist, Art und Umfang der einzelnen Lose und Möglichkeit, Angebote für eines, mehrere oder alle Lose einzureichen,

g) Angaben über den Zweck der baulichen Anlage oder des Auftrags, wenn auch Planungsleistungen gefordert werden,

h) etwaige Frist für die Ausführung,

i) Name und Anschrift der Stelle, bei der die Verdingungsunterlagen und zusätzlichen Unterlagen angefordert und eingesehen werden können, falls die Unterlagen auch digital eingesehen und angefordert werden können, ist dies anzugeben,

j) gegebenenfalls Höhe und Einzelheiten der Zahlung des Entgelts für die Übersendung dieser Unterlagen,

k) Ablauf der Frist für die Einreichung der Angebote,

l) Anschrift, an die die Angebote schriftlich auf direktem Weg oder per Post zu richten sind, gegebenenfalls auch Anschrift, an die Angebote digital zu richten sind,

m) Sprache, in der die Angebote abgefasst sein müssen,

n) Personen, die bei der Eröffnung der Angebote anwesend sein dürfen,

o) Datum, Uhrzeit und Ort der Eröffnung der Angebote,

p) gegebenenfalls geforderte Sicherheiten,

q) wesentliche Zahlungsbedingungen und/oder Verweisung auf die Vorschriften, in denen sie enthalten sind,

r) gegebenenfalls Rechtsform, die die Bietergemeinschaft, an die der Auftrag vergeben wird, haben muss,

s) verlangte Nachweise für die Beurteilung der Eignung des Bieters,

t) Ablauf der Zuschlags- und Bindefrist,

u) gegebenenfalls Nichtzulassung von Nebenangeboten,

v) sonstige Angaben, insbesondere die Stelle, an die sich der Bewerber oder Bieter zur Nachprüfung behaupteter Verstöße gegen Vergabebestimmungen wenden kann.

2. (1) Bei Beschränkten Ausschreibungen nach Öffentlichem Teilnahmewettbewerb sind die Unternehmer durch Bekanntmachungen, z.B. in Tageszeitungen, amtlichen Veröffentlichungsblättern oder auf Internetportalen, aufzufordern, ihre Teilnahme am Wettbewerb zu beantragen.

(2) Diese Bekanntmachungen sollen folgende Angaben enthalten:

a) Name, Anschrift, Telefon-, Telefaxnummer sowie E-Mailadresse des Auftraggebers (Vergabestelle),

b) gewähltes Vergabeverfahren,
c) Art des Auftrags, der Gegenstand der Ausschreibung ist,
d) Ort der Ausführung,
e) Art und Umfang der Leistung, allgemeine Merkmale der baulichen Anlage,
f) falls die bauliche Anlage oder der Auftrag in mehrere Lose aufgeteilt ist, Art und Umfang der einzelnen Lose und Möglichkeit, Angebote für eines, mehrere oder alle Lose einzureichen,
g) Angaben über den Zweck der baulichen Anlage oder des Auftrags, wenn auch Planungsleistungen gefordert werden,
h) etwaige Frist für die Ausführung,
i) gegebenenfalls Rechtsform, die die Bietergemeinschaft, an die der Auftrag vergeben wird, haben muss,
j) Ablauf der Einsendefrist für die Anträge auf Teilnahme,
k) Anschrift, an die diese Anträge zu richten sind,
l) Sprache, in der diese Anträge abgefasst sein müssen,
m) Tag, an dem die Aufforderungen zur Angebotsabgabe spätestens abgesandt werden,
n) gegebenenfalls geforderte Sicherheiten,
o) wesentliche Zahlungsbedingungen und/oder Verweis auf die Vorschriften, in denen sie enthalten sind,
p) mit dem Teilnahmeantrag verlangte Nachweise für die Beurteilung der Eignung (Fachkunde, Leistungsfähigkeit, Zuverlässigkeit) des Bewerbers,
q) gegebenenfalls Nichtzulassung von Nebenangeboten,
r) sonstige Angaben, insbesondere die Stelle, an die sich der Bewerber oder Bieter zur Nachprüfung behaupteter Verstöße gegen Vergabebestimmungen wenden kann.

3. Anträge auf Teilnahme sind auch dann zu berücksichtigen, wenn sie durch Telefon, Telefax oder in sonstiger Weise elektronisch übermittelt werden, sofern die sonstigen Teilnahmebedingungen erfüllt sind.
4. (1) Die Vergabeunterlagen sind den Bewerbern in kürzestmöglicher Frist und in geeigneter Weise zu übermitteln.
   (2) Die Vergabeunterlagen sind bei Beschränkter Ausschreibung nach Öffentlichem Teilnahmewettbewerb an alle ausgewählten Bewerber am selben Tag abzusenden.
5. Jeder Bewerber soll die Leistungsbeschreibung doppelt und alle anderen für die Preisermittlung wesentlichen Unterlagen einfach erhalten. Wenn

von den Unterlagen (außer der Leistungsbeschreibung) keine Vervielfältigungen abgegeben werden können, sind sie in ausreichender Weise zur Einsicht auszulegen, wenn nötig, nicht nur am Geschäftssitz des Auftraggebers, sondern auch am Ausführungsort oder an einem Nachbarort.

6. Die Namen der Bewerber, die Vergabeunterlagen erhalten oder eingesehen haben, sind geheim zu halten.

7. (1) Erbitten Bewerber zusätzliche sachdienliche Auskünfte über die Vergabeunterlagen, so sind die Auskünfte unverzüglich zu erteilen.

   (2) Werden einem Bewerber wichtige Aufklärungen über die geforderte Leistung oder die Grundlagen der Preisermittlung gegeben, so sind sie auch den anderen Bewerbern unverzüglich mitzuteilen, soweit diese bekannt sind.

In der Bekanntmachung ist gemäß § 31 VOB/A anzugeben, an welche Behörde oder Stelle sich der Bieter bei Verstößen gegen die Vergabebestimmungen wenden kann. Bei EU-weiten Ausschreibungen müssen die formstrengeren Vorgaben für die Veröffentlichung der Bekanntmachung nach § 17 VOB/A beachtet werden; Bekanntmachungen sind im Amtsblatt der Europäischen Gemeinschaften zu veröffentlichen.

Die inhaltlichen Details der Bekanntmachung sind in § 17 VOB/A geregelt.

Kapitel 7.4 hält ein Formblatt gemäß Vergabehandbuch[86] für die Erstellung einer Vergabebekanntmachung bereit.

Unklarheiten in Vergabeunterlagen

Bevor die Bieter ihre Angebote einreichen, sollten sie die Gelegenheit erhalten, Unklarheiten der Vergabeunterlagen beim Auftraggeber aufzuklären. Der § 17 Nr. 7 Abs. 1 VOB/A sieht vor, dass die Bieter sachdienliche Auskünfte über die Unterlagen zum Teilnahmewettbewerb und die Angebotsbedingungen verlangen können, die der Auftraggeber ihnen unverzüglich zu erteilen hat. Die Antworten des Auftraggebers auf die Bieterfragen werden Bestandteil der Leistungsbeschreibung. Deshalb ist eine vorsichtige und sorgfältige Beantwortung der Fragen geboten. Um eine ordnungsgemäße Dokumentation zu ermöglichen, sind die Auskünfte stets schriftlich zu geben und die entsprechenden Durchschriften in die Vergabeakten mit auf zu nehmen. Der Empfang der Auskünfte durch den Bieter sollte bestätigt werden.[87]

86 gemäß [25]

87 vgl. [18], S. 87

3.5 Vergabe- und Vertragsunterlagen

§ 10 VOB/A
Vergabeunterlagen

1. (1) Die Vergabeunterlagen bestehen aus
   a) dem **Anschreiben** (Aufforderung zur Angebotsabgabe), gegebenenfalls Bewerbungsbedingungen (§ 10 Nr. 5) und
   b) den **Verdingungsunterlagen** (§§ 9 und 10 Nr. 1 Abs. 2 und Nr. 2 bis 4).

   (2) In den Verdingungsunterlagen ist vorzuschreiben, dass die Allgemeinen Vertragsbedingungen für die Ausführung von Bauleistungen (VOB/B) und die Allgemeinen Technischen Vertragsbedingungen für Bauleistungen (VOB/C) Bestandteile des Vertrags werden. Das gilt auch für etwaige Zusätzliche Vertragsbedingungen und etwaige Zusätzliche Technische Vertragsbedingungen, soweit sie Bestandteile des Vertrags werden sollen.
2. (1) Die Allgemeinen Vertragsbedingungen bleiben grundsätzlich unverändert. Sie dürfen von Auftraggebern, die ständig Bauleistungen vergeben, für die bei ihnen allgemein gegebenen Verhältnisse durch Zusätzliche Vertragsbedingungen ergänzt werden. Diese dürfen den Allgemeinen Vertragsbedingungen nicht widersprechen.

   (2) Für die Erfordernisse des Einzelfalles sind die Allgemeinen Vertragsbedingungen und etwaige Zusätzliche Vertragsbedingungen durch Besondere Vertragsbedingungen zu ergänzen. In diesen sollen sich Abweichungen von den Allgemeinen Vertragsbedingungen auf die Fälle beschränken, in denen dort besondere Vereinbarungen ausdrücklich vorgesehen sind und auch nur soweit es die Eigenart der Leistung und ihre Ausführung erfordern.
3. Die Allgemeinen Technischen Vertragsbedingungen bleiben grundsätzlich unverändert. Sie dürfen von Auftraggebern, die ständig Bauleistungen vergeben, für die bei ihnen allgemein gegebenen Verhältnisse durch Zusätzliche Technische Vertragsbedingungen ergänzt werden. Für die Erfordernisse des Einzelfalles sind Ergänzungen und Änderungen in der Leistungsbeschreibung festzulegen.
4. (1) In den Zusätzlichen Vertragsbedingungen oder in den Besonderen Vertragsbedingungen sollen, soweit erforderlich, folgende Punkte geregelt werden:
   a) Unterlagen (§ 20 Nr. 3, § 3 Nr. 5 und 6 VOB/B),

b) Benutzung von Lager- und Arbeitsplätzen, Zufahrtswegen, Anschlussgleisen, Wasser- und Energieanschlüssen (§ 4 Nr. 4 VOB/B),
c) Weitervergabe an Nachunternehmer (§ 4 Nr. 8 VOB/B),
d) Ausführungsfristen (§ 11, § 5 VOB/B),
e) Haftung (§ 10 Nr. 2 VOB/B),
f) Vertragsstrafen und Beschleunigungsvergütungen (§ 12, § 11 VOB/B),
g) Abnahme (§ 12 VOB/B),
h) Vertragsart (§ 5), Abrechnung (§ 14 VOB/B),
i) Stundenlohnarbeiten (§ 15 VOB/B),
j) Zahlungen, Vorauszahlungen (§ 16 VOB/B),
k) Sicherheitsleistung (§ 14, § 17 VOB/B),
l) Gerichtsstand (§ 18 Nr. 1 VOB/B),
m) Lohn- und Gehaltsnebenkosten,
n) Änderung der Vertragspreise (§ 15).

(2) Im Einzelfall erforderliche besondere Vereinbarungen über die Mängelansprüche sowie deren Verjährung (§ 13, § 13 Nr. 1, 4 und 7 VOB/B) und über die Verteilung der Gefahr bei Schäden, die durch Hochwasser, Sturmfluten, Grundwasser, Wind, Schnee, Eis und dergleichen entstehen können (§ 7 VOB/B), sind in den Besonderen Vertragsbedingungen zu treffen. Sind für bestimmte Bauleistungen gleichgelagerte Voraussetzungen im Sinne von § 13 gegeben, so dürfen die besonderen Vereinbarungen auch in Zusätzlichen Technischen Vertragsbedingungen vorgesehen werden.

5. (1) Für die Versendung der Verdingungsunterlagen (§ 17 Nr. 3) ist ein Anschreiben (Aufforderung zur Angebotsabgabe) zu verfassen, das alle Angaben enthält, die außer den Verdingungsunterlagen für den Entschluss zur Abgabe eines Angebots notwendig sind.

(2) In dem Anschreiben sind insbesondere anzugeben:
a) Art und Umfang der Leistung sowie der Ausführungsort,
b) etwaige Bestimmungen über die Ausführungszeit,
c) Bezeichnung (Anschrift) der zur Angebotsabgabe auffordernden Stelle und der den Zuschlag erteilenden Stelle,
d) Name und Anschrift der Stelle, bei der zusätzliche Unterlagen angefordert und eingesehen werden können,
e) gegebenenfalls Höhe und Einzelheiten der Zahlung des Entgelts für die Übersendung dieser Unterlagen,
f) Art der Vergabe (§ 3),
g) etwaige Ortsbesichtigungen,

h) gegebenenfalls Zulassung von digitalen Angeboten und Verfahren zu ihrer Ver- und Entschlüsselung,

i) genaue Aufschrift der schriftlichen Angebote oder Bezeichnung der digitalen Angebote,

j) gegebenenfalls auch Anschrift, an die digitale Angebote zu richten sind,

k) Ort und Zeit des Eröffnungstermins (Ablauf der Angebotsfrist, § 18 Nr. 2) sowie Angabe, welche Personen zum Eröffnungstermin zugelassen sind (§ 22 Nr. 1 Satz 1),

l) etwa vom Auftraggeber zur Vorlage für die Beurteilung der Eignung des Bieters verlangte Unterlagen (§ 8 Nr. 3 und 4),

m) die Höhe etwa geforderter Sicherheitsleistungen,

n) Nebenangebote (vgl. Absatz 4),

o) etwaige Vorbehalte wegen der Teilung in Lose und Vergabe der Lose an verschiedene Bieter,

p) Zuschlags- und Bindefrist (§ 19),

q) sonstige Erfordernisse, die die Bewerber bei der Bearbeitung ihrer Angebote beachten müssen,

r) die wesentlichen Zahlungsbedingungen oder Angabe der Unterlagen, in denen sie enthalten sind (z.B. § 16 VOB/B),

s) die Stelle, an die sich der Bewerber oder Bieter zur Nachprüfung behaupteter Verstöße gegen die Vergabebestimmungen wenden kann.

(3) Der Auftraggeber kann die Bieter auffordern, in ihrem Angebot die Leistungen anzugeben, die sie an Nachunternehmer zu vergeben beabsichtigen.

(4) Wenn der Auftraggeber Nebenangebote wünscht oder nicht zulassen will, so ist dies anzugeben; ebenso ist anzugeben, wenn Nebenangebote ohne gleichzeitige Abgabe eines Hauptangebots ausnahmsweise ausgeschlossen werden. Von Bietern, die eine Leistung anbieten, deren Ausführung nicht in Allgemeinen Technischen Vertragsbedingungen oder in den Verdingungsunterlagen geregelt ist, sind im Angebot entsprechende Angaben über Ausführung und Beschaffenheit dieser Leistung zu verlangen.

(5) Auftraggeber, die ständig Bauleistungen vergeben, sollen die Erfordernisse, die die Bewerber bei der Bearbeitung ihrer Angebote beachten müssen, in den Bewerbungsbedingungen zusammenfassen und dem Anschreiben beifügen.

6. Sollen Streitigkeiten aus dem Vertrag unter Ausschluss des ordentlichen

Rechtswegs im schiedsrichterlichen Verfahren ausgetragen werden, so ist es in besonderer, nur das Schiedsverfahren betreffender Urkunde zu vereinbaren, soweit nicht § 1031 Abs. 2 der Zivilprozessordnung auch eine andere Form der Vereinbarung zulässt.

Für die Ausschreibung sind Vergabeunterlagen zu erstellen, welche die Basis des Bauvertrags sind. Da der Bieter keinerlei Änderungen an den Vergabeunterlagen vornehmen darf[88], ist es von außerordentlicher Bedeutung, dass die Vergabeunterlagen vollständig, eindeutig, erschöpfend und klar strukturiert aufgebaut sind. Alle Bewerber müssen die Beschreibung im gleichen Sinne verstehen und ihre Preise sicher und ohne umfangreiche Vorarbeiten berechnen können[89]. Nach § 10 Nr. 1 VOB/A bestehen die Vergabeunterlagen aus einem Anschreiben (siehe Kapitel 7.3: Formblatt – Aufforderung zur Abgabe eines Angebotes) und den Verdingungsunterlagen.

Häufig werden die Vergabeunterlagen Ausschreibungsunterlagen genannt, auch wenn keine „Ausschreibung" im direkten Sinne stattfindet.

Die **Verdingungsunterlagen** bestehen aus den vertraglichen Regelungen (VOB/B, VOB/C, Zusätzliche Vertragsbedingungen, Besondere Vertragsbedingungen), der Leistungsbeschreibung und den Anlagen zur Leistungsbeschreibung (Pläne, Zeichnungen, Gutachten, SiGe-Plan, Baustellenordnung). Sie bestehen also aus all dem, was später Vertragsinhalt wird.

Es ist zu bemerken, dass eine Trennung zwischen Vergabe- und Vertragsunterlagen inhaltlich kaum möglich ist. Sie fließen ineinander über.

Das **Anschreiben**, mit dem die Verdingungsunterlagen an den Bieter versandt werden, soll alle Angaben enthalten, die außer den Verdingungsunterlagen noch für die Entscheidung des Bieters notwendig sind[90].

Insbesondere anzugeben sind die Angaben gemäß § 10 Nr. 5 (2) VOB/A.

3.5.1 Die Leistungsbeschreibung

§ 9 VOB/A
Beschreibung der Leistung

---

88 vgl. § 21 Nr. 1 (2) VOB/A

89 vgl. § 9 Nr. 1 VOB/A

90 vgl. § 10 Nr. 5 VOB/A

Allgemeines

1. Die Leistung ist eindeutig und so erschöpfend zu beschreiben, dass alle Bewerber die Beschreibung im gleichen Sinne verstehen müssen und ihre Preise sicher und ohne umfangreiche Vorarbeiten berechnen können. Bedarfspositionen (Eventualpositionen) dürfen nur ausnahmsweise in die Leistungsbeschreibung aufgenommen werden. Angehängte Stundenlohnarbeiten dürfen nur in dem unbedingt erforderlichen Umfang in die Leistungsbeschreibung aufgenommen werden.
2. Dem Auftragnehmer darf kein ungewöhnliches Wagnis aufgebürdet wer den für Umstände und Ereignisse, auf die er keinen Einfluss hat und deren Einwirkung auf die Preise und Fristen er nicht im Voraus schätzen kann.
3. (1) Um eine einwandfreie Preisermittlung zu ermöglichen, sind alle sie beeinflussenden Umstände festzustellen und in den Verdingungsunterlagen anzugeben.
   (2) Erforderlichenfalls sind auch der Zweck und die vorgesehene Beanspruchung der fertigen Leistung anzugeben.
   (3) Die für die Ausführung der Leistung wesentlichen Verhältnisse der Baustelle, z.B. Boden- und Wasserverhältnisse, sind so zu beschreiben, dass der Bewerber ihre Auswirkungen auf die bauliche Anlage und die Bauausführung hinreichend beurteilen kann.
   (4) Die "Hinweise für das Aufstellen der Leistungsbeschreibung" in Abschnitt 0 der Allgemeinen Technischen Vertragsbedingungen für Bauleistungen, DIN 18299 ff., sind zu beachten.
4. Bei der Beschreibung der Leistung sind die verkehrsüblichen Bezeichnungen zu beachten.

Technische Spezifikationen

5. Die technischen Anforderungen (Spezifikationen - siehe Anhang TS Nr. 1) an den Auftragsgegenstand müssen allen Bietern gleichermaßen zugänglich sein und dürfen den Wettbewerb nicht in unzulässiger Weise behindern.
6. Die technischen Spezifikationen sind in den Verdingungsunterlagen zu formulieren:
   (1) entweder unter Bezugnahme auf die in Anhang TS definierten technischen Spezifikationen in der Rangfolge
   a) nationale Normen, mit denen europäische Normen umgesetzt werden,
   b) europäische technische Zulassungen,
   c) gemeinsame technische Spezifikationen,

d) internationale Normen und andere technische Bezugsysteme, die von den europäischen Normungsgremien erarbeitet wurden oder,

e) falls solche Normen und Spezifikationen fehlen, nationale Normen, nationale technische Zulassungen oder nationale technische Spezifikationen für die Planung, Berechnung und Ausführung von Bauwerken und den Einsatz von Produkten. Jede Bezugnahme ist mit dem Zusatz "oder gleichwertig" zu versehen;

(2) oder in Form von Leistungs- oder Funktionsanforderungen, die so genau zu fassen sind, dass sie den Unternehmen ein klares Bild vom Auftragsgegenstand vermitteln und dem Auftraggeber die Erteilung des Zuschlags ermöglichen;

(3) oder in Kombination von Absatz 1 und Absatz 2, d.h.

a) in Form von Leistungs- oder Funktionsanforderungen unter Bezugnahme auf die Spezifikationen gemäß Absatz 1 als Mittel zur Vermutung der Konformität mit diesen Leistungs- oder Funktionsanforderungen;

b) oder mit Bezugnahme auf die Spezifikationen gemäß Absatz 1 hinsichtlich bestimmter Merkmale und mit Bezugnahme auf die Leistungs- oder Funktionsanforderungen gemäß Nummer 2 hinsichtlich anderer Merkmale.

7. Verweist der Auftraggeber in der Leistungsbeschreibung auf die in Nummer 6 Abs. 1 Buchstabe a genannten Spezifikationen, so darf er ein Angebot nicht mit der Begründung ablehnen, die angebotene Leistung entspräche nicht den herangezogenen Spezifikationen, sofern der Bieter in seinem Angebot dem Auftraggeber nachweist, dass die von ihm vorgeschlagenen Lösungen den Anforderungen der technischen Spezifikation, auf die Bezug genommen wurde, gleichermaßen entsprechen. Als geeignetes Mittel kann eine technische Beschreibung des Herstellers oder ein Prüfbericht einer anerkannten Stelle gelten.

8. Legt der Auftraggeber die technischen Spezifikationen in Form von Leistungs- oder Funktionsanforderungen fest, so darf er ein Angebot, das einer nationalen Norm entspricht, mit der eine europäische Norm umgesetzt wird, oder einer europäischen technischen Zulassung, einer gemeinsamen technischen Spezifikation, einer internationalen Norm oder einem technischen Bezugssystem, das von den europäischen Normungsgremien erarbeitet wurde, entspricht, nicht zurückweisen, wenn diese Spezifikationen die geforderten Leistungs- oder Funktionsanforderungen betreffen. Der Bieter muss in seinem Angebot mit geeigneten Mitteln dem Auftraggeber nachweisen, dass die der Norm

entsprechende jeweilige Leistung den Leistungs- oder Funktionsanforderungen des Auftraggebers entspricht. Als geeignetes Mittel kann eine technische Beschreibung des Herstellers oder ein Prüfbericht einer anerkannten Stelle gelten.

9. Schreibt der Auftraggeber Umwelteigenschaften in Form von Leistungs- oder Funktionsanforderungen vor, so kann er die Spezifikationen verwenden, die in europäischen, multinationalen oder anderen Umweltgütezeichen definiert sind, wenn
   a) sie sich zur Definition der Merkmale des Auftragsgegenstands eignen,
   b) die Anforderungen des Umweltgütezeichens auf Grundlage von wissenschaftlich abgesicherten Informationen ausgearbeitet werden;
   c) die Umweltgütezeichen im Rahmen eines Verfahrens erlassen werden, an dem interessierte Kreise – wie z.B. staatliche Stellen, Verbraucher, Hersteller, Händler und Umweltorganisationen – teilnehmen können, und
   d) wenn das Umweltgütezeichen für alle Betroffenen zugänglich und verfügbar ist.

   Der Auftraggeber kann in den Vergabeunterlagen angeben, dass bei Leistungen, die mit einem Umweltgütezeichen ausgestattet sind, vermutet wird, dass sie den in der Leistungsbeschreibung festgelegten technischen Spezifikationen genügen. Der Auftraggeber muss jedoch auch jedes andere geeignete Beweismittel, wie technische Unterlagen des Herstellers oder Prüfberichte anerkannter Stellen, akzeptieren. Anerkannte Stellen sind die Prüf- und Eichlaboratorien sowie die Inspektions- und Zertifizierungsstellen, die mit den anwendbaren europäischen Normen übereinstimmen. Der Auftraggeber erkennt Bescheinigungen von in anderen Mitgliedstaaten ansässigen anerkannten Stellen an.

10. Soweit es nicht durch den Auftragsgegenstand gerechtfertigt ist, darf in technischen Spezifikationen nicht auf eine bestimmte Produktion oder Herkunft oder ein besonderes Verfahren oder auf Marken, Patente, Typen eines bestimmten Ursprungs oder einer bestimmten Produktion verwiesen werden, wenn dadurch bestimmte Unternehmen oder bestimmte Produkte begünstigt oder ausgeschlossen werden. Solche Verweise sind jedoch ausnahmsweise zulässig, wenn der Auftragsgegenstand nicht hinreichend genau und allgemein verständlich beschrieben werden kann; solche Verweise sind mit dem Zusatz "oder gleichwertig" zu versehen.

Wo eine Leistung vergeben wird, ist eine Beschreibung unumgänglich. Je nach Zweck sind der Umfang und die Art der Beschreibung unterschiedlich. Art und Umfang von Beschreibungen ändern sich mit den wirtschaftlichen Entwicklungen sowie mit dem Zeitgeist.[91]

Die Leistungsbeschreibung bildet eine der wichtigsten Grundlagen für die Preisfindung des Bieters in der vorvertraglichen Phase des Bauvorhabens. Durch die Verpflichtung bestimmter Auftraggeberkreise zur Anwendung der VOB/A, existieren gewisse Standards, denen die Leistungsbeschreibung in Form und Inhalt genügen muss. Die wesentlichen Grundanforderungen an die Leistungsbeschreibung bei einer Vergabe nach Abschnitt 1 bis 3 VOB/A sind in § 9 Nr. 1 und Nr. 2 VOB/A dargestellt. VOB/A § 9 Nr. 1 besagt, dass die Leistung so beschrieben werden muss, dass sie von allen Bewerbern gleichermaßen verstanden wird und die Preisfindung sicher und ohne umfangreiche Vorarbeiten durchgeführt werden kann.[92]

Es wird also besonderer Wert auf die Qualität der im Vorfeld durchgeführten Planungsleistung gelegt. Der § 9 Nr. 4 VOB/A beinhaltet Regelungen für die Formulierungen von Leistungsbeschreibungen. In diesen wird auf die Verwendung der sog. verkehrsüblichen Bezeichnungen verwiesen. Das gilt insbesondere für Beschreibungen bezüglich technischer Anforderungen, die unter Bezugnahme auf die **gemeinschaftsrechtlichen technischen Spezifikationen**, d.h. Normen, technische Zulassungen etc. zu formulieren sind.[93]

Je detaillierter beschrieben wird, desto weniger wird missverstanden. Die Beschreibung muss erkenntlich machen, was genau zu erbringen ist.

Ein Auftragnehmer ist nach dem sog. „Werkvertragsrecht“ (§ 631 BGB) zu der Leistung verpflichtet, die er bei Angebotsabgabe oder Vertragsabschluss klar erkennen und deren Kosten er berechnen kann. Die Leistungsbeschreibung ist daher der Kern des Bauvertrages.[94]

> „Für eine sichere Kalkulation ist die Grundlage einer detaillierten Bestandsaufnahme in allen Bereichen unerlässlich. Vor allem die Fragen bezüglich der Denkmalpflege und der feuerpolizeilichen Auflagen sind hier von besonderer Relevanz, da diese bei Nichtwissen durch den Auftraggeber oder durch Nichtbeachtung seitens des Bieters erhebliche Folgekosten nach sich

[91] vgl. [27], S. 165 f.
[92] vgl. [22], S. 66
[93] vgl. [30], S. 24
[94] vgl. [11], S. 27

ziehen können oder gar die Arbeiten in Teilbereichen oder im Ganzen erschweren oder gar völlig zum erliegen bringen können."[95]

Die Leistungsbeschreibung ist in der Regel die konkreteste Darstellung des Bauherrenwillens. Gleichzeitig ist sie Grundlage für die Preisfindung des Bieters. Der Leistungsbeschreibung kommt daher während der gesamten Bearbeitung des Bauvorhabens eine besondere Rolle zu. Deshalb ist es besonders wichtig, dass Auftraggeber und Bieter, also der spätere Auftragnehmer, die gleichen Vorstellungen von der gewünschten Bauleistung haben, d.h. dass sie die Leistungsbeschreibung in gleicher Art und Weise verstehen. Ist dies nicht der Fall, kommt es unweigerlich zu Differenzen zwischen den Vertragspartnern.

Im Bauwesen werden grundsätzlich zwei Arten der Leistungsbeschreibung unterschieden:

- Leistungsbeschreibung mit Leistungsverzeichnis (LV)
- Leistungsbeschreibung mit Leistungsprogramm (LP)

Bei der Untergliederung der Bauaufgabe in ihrer Gesamtheit in gewerksbezogene Leistungsbeschreibungen ist einer eindeutigen Definition der Schnittstellen in den einzelnen Ausschreibungen höchste Priorität einzuräumen, wobei Leistungen in diesem Schnittbereich im Sinne einer Optimierung, in verschiedenen Gewerken erfasst werden können. Sicherzustellen ist, dass die zur Vervollständigung des Werkes noch notwendigen, von anderen Gewerken zu erbringenden Leistungen in den LV der betreffenden Fachgewerke beschrieben sind. Fehlt eine solche Ergänzungsleistung, so entstehen Leistungslücken, die zu Nachtragsleistungen führen können.[96]

Leistungsbeschreibung mit Leistungsverzeichnis

§ 9 VOB/A
Beschreibung der Leistung

Leistungsbeschreibung mit Leistungsverzeichnis

11. Die Leistung soll in der Regel durch eine allgemeine Darstellung der Bauaufgabe (Baubeschreibung) und ein in Teilleistungen gegliedertes Leistungsverzeichnis beschrieben werden.
12. Erforderlichenfalls ist die Leistung auch zeichnerisch oder durch Probestücke darzustellen oder anders zu erklären, z.B. durch Hinweise auf ähnliche Leistungen, durch Mengen- oder statische Berechnungen.

---

95 siehe [22], S. 66
96 vgl. [27], S. 216

Zeichnungen und Proben, die für die Ausführung maßgebend sein sollen, sind eindeutig zu bezeichnen.

13. Leistungen, die nach den Vertragsbedingungen, den Technischen Vertragsbedingungen oder der gewerblichen Verkehrssitte zu der geforderten Leistung gehören (§ 2 Nr. 1 VOB/B), brauchen nicht besonders aufgeführt zu werden.

14. Im Leistungsverzeichnis ist die Leistung derart aufzugliedern, dass unter einer Ordnungszahl (Position) nur solche Leistungen aufgenommen werden, die nach ihrer technischen Beschaffenheit und für die Preisbildung als in sich gleichartig anzusehen sind. Ungleichartige Leistungen sollen unter einer Ordnungszahl (Sammelposition) nur zusammengefasst werden, wenn eine Teilleistung gegenüber einer anderen für die Bildung eines Durchschnittspreises ohne nennenswerten Einfluss ist.

Unter den Nummern 11 bis 14 des § 9 VOB/A werden die Anforderungen an eine Leistungsbeschreibung mit Leistungsverzeichnis dargestellt. Sie besteht aus einer allgemeinen Beschreibung und einem gegliederten Leistungsverzeichnis, wobei die Leistung derart aufzugliedern ist, dass unter einer sogenannten Positionsnummer nur solche Leistungen aufgenommen werden, die als gleichartig anzusehen sind. Diese Gleichartigkeit gilt sowohl im Hinblick auf die technische Beschaffenheit als auch auf die preisbildenden Faktoren. Es verstößt grundsätzlich gegen das Gebot der Klarheit nach § 9 VOB/A, wenn in einer Position ungleichartige Leistungen zusammengefasst werden.[97] Die eigentlichen Leistungsverzeichnisse werden oftmals auf der Basis vorgefertigter Textbausteine, wie sie z.B. in den Standardleistungskatalogen (StLK) für den Straßen-, Brücken- und Wasserbau (herausgegeben vom Bundesminister für Verkehr) zu finden sind, erstellt oder sie orientieren sich an den Vorgaben der Standardleistungsbücher (StLB), welche vom Deutschen Institut für Normung e. V. herausgegeben werden und für nahezu alle Gewerke des Bauhaupt- und Ausbaugewerbes vorliegen.[98]

Bei der Leistungsbeschreibung mit Leistungsverzeichnis wird die Gesamtbauleistung in Fachlose gegliedert. Diese Gliederung entspricht in der Regel in etwa dem Aufbau des Teils C der VOB.[99] Grundlage für die Beschreibung der Teilleistungen eines jeden Gewerkes sind eine ausführungsreife Planung und ergänzende Baubeschreibungen.

---

97 vgl. [1]; S. 56
98 vgl. [30], S. 24
99 vgl. [22], S. 66

Der eigentlichen Leistungsbeschreibung vorangestellt sind zumeist **Vorbemerkungen zum LV**, welche im allgemeinen die besonderen Bedingungen enthalten, von denen der Herstellvorgang des auszuführenden Bauwerks abhängt, wie z.B. Angaben über das Baugelände, Ausführungstermine oder andere für die Kostenermittlung wichtige Bedingungen. Diese Vorbemerkungen sollten sich auf besondere technische Erläuterungen zur Ausführung der Arbeiten beschränken. Dieses Vorgehen erspart Wiederholungen und verkürzt die Texte der Leistungsbeschreibung. Bestimmungen, die in den Allgemeinen Technischen Vertragsbedingungen (VOB/C) enthalten sind, können entfallen.

Die Teilleistungen, auch **Positionen** genannt, sollen wie erwähnt möglichst genau abgegrenzte Einzelleistungen sein, die einheitliche Leistungsmerkmale hinsichtlich Materialgüte und Ausführungsart aufweisen. Sie sollen soweit wie möglich auch nur von Facharbeitern der gleichen Berufsgruppe ausgeführt werden. Einzelne Positionen können in Grundpositionen, Wahl- und Bedarfspositionen unterteilt werden.

Grundpositionen sind Positionen, die im LV aufgeführt und auszuführen sind und für die die Vergütung abschließend als Festpreis vom Bieter im LV anzugeben ist. Wenn zu einzelnen Positionen keine zusätzliche Angabe gemacht wird, ist davon auszugehen, dass es sich um Grundpositionen handelt.

Wahlpositionen, oder auch Alternativpositionen sind solche, die im LV als Alternative zu einer Grundposition angeboten werden. Die Entscheidung über die Verwendung von Wahlpositionen trifft der Auftraggeber grundsätzlich bei der Auftragserteilung.

Bei **Bedarfspositionen** (Eventualpositionen) handelt es sich um Leistungen, bei denen zum Zeitpunkt der Fertigstellung der Ausschreibungsunterlagen noch nicht feststeht, ob und wenn in welchem Umfang sie tatsächlich zur Ausführung kommen. Bedarfspositionen entsprechen nicht den Grundsätzen des § 9 Nr. 1 VOB/A, weil der Bieter keine sichere Preisberechnung vornehmen kann.[100]

---

[100] vgl. [1], S.56 f.

Eventualpositionen dürfen nicht in ein LV aufgenommen werden, um Mängel einer unzureichenden Planung auszugleichen. Die Aufnahme zahlreicher Eventualpositionen ersetzt nicht die umfassende Aufklärung der Bodenverhältnisse, wie sie für eine den Anforderungen des § 9 VOB/A genügende Leistungsbeschreibung notwendig gewesen wäre.

Beschluss der Vergabekammer Bund vom 30.01.2002, Az. Vk A-1/99

Leistungsverzeichnisse werden den Verdingungsunterlagen oftmals in zweierlei Form beigefügt, als **Langtext** sowie als **Kurztext**. Während der Langtext alle für die Ausführung und Kalkulation erforderlichen Hinweise enthalten sollte, dient der Kurztext in Form einer Preisliste der übersichtlichen Zusammenstellung der Einheits- und Gesamtpreise bzw. der Angebotssumme. Die Verwendung der Kurztext-Beschreibung kann so aussehen, dass der anbietende Unternehmer nur das ausgefüllte Kurz-LV zurückschickt, den Langtext aber in seinen Unterlagen behält. Bei sehr umfangreichen Leistungsverzeichnissen kann so eine Kosten- (Kopierkosten) und Aufwandsreduzierung (beim Prüfen der Angebote) erreicht werden. Das Kurztext-LV wird somit lediglich zum Austausch von Informationen verwendet. Des Weiteren werden diese Kurztexte auch für Preisspiegel und bei Bauabrechnungen eingesetzt.[101]

Jede Position ist durch eine **Positionsnummer** oder auch Ordnungszahl (OZ) eindeutig zu kennzeichnen. Diese ist regelmäßig hierarchisch aufgebaut, mit ein, zwei oder drei Gruppenstufen. Eine noch tiefere Gliederung ist selten. Die drei Gruppenstufen werden zum Beispiel mit Los, Gewerk und Titel bezeichnet. Zu jeder Position gehört neben der Beschreibung, die Leistungsmenge und die Abrechnungseinheit. Der Gesamtpreis pro Position ergibt sich aus Leistungsmenge multipliziert mit dem Einheitspreis. Vertragliche Basis für die Vergütungsberechnung ist der Einheitspreis.

---

[101] vgl. [31], S. 24

5.0 Rohbauarbeiten

013 Beton- und Stahlbetonarbeiten

010 Ortbeton für Gründung

Pos. 0010
Ortbeton des Streifenfundamentes, obere Betonfläche waagerecht, aus Stahlbeton als Normalbeton DIN 1045 C35, ohne besondere Eigenschaften nach DIN 1045. Schalung wir gesondert vergütet.

Menge: ....m³ EP: ....EUR GP:............ EUR

030 Schalungen für Gründung
Pos. 0010
Schalung des Streifenfundaments, im Erdreich, Seitenflächen geneigt, Neigung 45°, einhäuptig, als verlorene Schalung, Höhe über 0,5 bis 1,0 m. Ausführung gem. Zeichnung Nr. 12

Menge: ....m² EP: ....EUR GP:............ EUR

040 Bewehrung
Pos. 0010
Betonstahlmatten DIN 488, Betonstahlsorte: B500A, als Lagermatten, liefern, schneiden, biegen und verlegen.

Menge........ t EP: ....EUR GP:............ EUR

Abbildung 3.6: Beispiel – Auszug LV

Die Teilleistung muss die Leistung technisch erschöpfend beschreiben, so dass alle Bewerber die Beschreibung im gleichen Sinne verstehen, der Preis sicher kalkuliert werden kann, der Anbieter keine umfangreichen Vorarbeiten für die Preisermittlung durchführen muss und somit eine eindeutige Abrechnungsbasis gegeben ist. Dem Inhalt der Leistungsbeschreibungstexte kommt eine besondere Bedeutung zu. Die Texte müssen so eindeutig formuliert sein, dass bei eventuellen späteren Auseinandersetzungen eine klare rechtliche Handhabe für die Abrechnungsmodalitäten gegeben ist.[102]

Eventuell sind wichtige Hinweise auf Pläne, Normen oder sonstige Regelungen zu machen und falls keine eindeutigen Abrechnungsregeln vorliegen, sind diese zu definieren.[103]

[102] vgl. [31], S. 30
[103] vgl. [34], S. 721

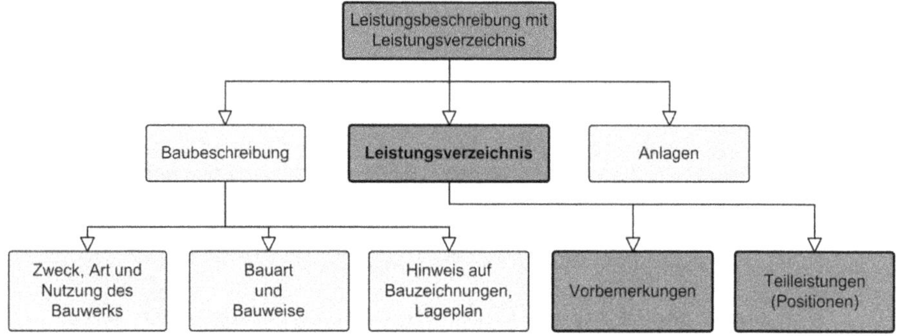

Abbildung 3.7: Zusammensetzung der Leistungsbeschreibung mit LV

Nebenleistungen und **Besondere Leistungen** bilden einen speziellen Problembereich in der Auftragsabwicklung. Nebenleistungen sind wie Nebenpflichten zu erbringen, auch wenn nichts Eindeutiges vereinbart ist. Sie sind wie selbstverständlich und unvermeidlich oder zwingend erforderlich. Eine besondere Leistung ist eine Leistung, die über das Übliche hinaus geht und folglich in der Vereinbarung besonders zu erwähnen ist. Die Beschreibung für sie ist wie bei den normalen Leistungen.[104] Es handelt sich hierbei um Leistungen, die auch besonders abzurechnen sind. Zu ihnen zählen z.B. Gerüstkosten über die eigene Benutzungsdauer hinaus, statische Berechnungen zur Standfestigkeit des Bauwerks, Aussparungen und Schlitze, besondere Schutzmaßnahmen usw.[105]

Mit Beiden gibt es für die Auftragsabwicklung dieselben Probleme. Sie werden oft nicht sachgemäß behandelt und demzufolge nicht im Preis oder Termin berücksichtigt. Sie sind eine der Hauptursachen für Nachträge.

Bei mangelnder Erfahrung kann man sich mit der Anwendung von **Standardtexten**, Checklisten und einer systematischen Arbeitsweise behelfen. Bei unsystematischer Arbeitsweise können sich bei der LV-Erstellung und Mengenermittlung gravierende Fehler einschleichen, die meist mit einer Baukostenänderung und nicht unerheblichem Ärger für Bauherr und Unternehmer verbunden sind. Abweichungen nach unten sind dabei in manchen Fällen genauso unangenehm wie Baukostensteigerungen. Die häufigsten Fehlerquellen sind eine ungenaue oder ganz fehlende Leistungsbeschreibung, falsche Beschreibungen sowie ungenaue oder fehlerhafte Mengenermittlungen.

[104] vgl. [27], S. 176 f.
[105] vgl. [10], S .36

Da sich viele Projekte bzw. auszuführende Arbeiten nur im Detail unterscheiden, ist es zur Regel geworden, LV-Texte aus Vorprojekten zu übernehmen und entsprechend anzupassen. Daraus folgt auch die Verwendung **standardisierter Leistungsbeschreibungen**.

Diese sind:

- die Musterleistungsverzeichnisse
- (In diesen werden Leistungsverzeichnisse erarbeitet, die Positionen für alle Ausführungsvarianten enthalten. Der Sachbearbeiter übernimmt daraus nur die zur Ausführung kommenden Positionen und trägt dafür die Mengenansätze ein.)
- Standardleistungsbücher
- Standardleistungskataloge

Das **Standardleistungsbuch** (StLB) für das Bauwesen wurde 1965 vom Gemeinsamen Ausschuss Elektronik im Bauwesen (GAEB) entwickelt, dem Vertreter der öffentlichen und privaten Auftraggeber, der Architekten, der Ingenieure und der Bauwirtschaft angehören und in Verbindung mit dem Deutschen Vergabeausschuss für Bauleistungen vom Deutschen Institut für Normung e.V. herausgegeben. Ziel war es, die Anwendung der elektronischen Datenverarbeitung im Bauwesen voranzutreiben und die hierfür notwendigen Voraussetzungen zu schaffen. Durch das StLB werden gut durchdachte, technisch einwandfreie und präzise formulierte Texte auf der Grundlage der VOB vorgegeben, die keinen Raum für Unklarheiten in der Vertragsauslegung lassen. Das StLB setzt sich aus Leistungsbereichen des Hochbaus zusammen, die in etwa den Normen der VOB/C entsprechen und es enthält Standardtexte in Form von Textteilen. Diese wiederum enthalten Angaben über Bauart, Bauteil, Baustoff und Dimension für den Herstellungsvorgang und die Qualität einer Leistung. Durch Zusammensetzen der geeigneten Textteile enthält der Ausschreibende standardisierte Leistungsbeschreibungen. Die Beschreibungen bestehen aus bis zu 5 Textteilen, die in sich zerlegt sein können. Jeder Textteil ist verschlüsselt. Durch die Ziffern der einzelnen Textteile wird die Positionsnummer gebildet.[106]

Die ständige Fortschreibung durch den Gemeinsamen Ausschuss für Elektronik im Bauwesen gewährleistet, dass die Texte von der inhaltlichen Seite, z.B. bei Veränderung von DIN-Normen ständig aktuell bleiben. Das bedeutet auch eine gewisse Rechtssicherheit bei Auseinandersetzungen im Zusammenhang mit der Abrechnung von Bauleistungen. Ausschreibungstexte nach StLB mit Querverweisen auf rechtsgültige DIN-Normen und Richtlinien bestehen bei einem Rechtsstreit besser als freie, und damit auch oft falsch und fehlerhaft formulierte Texte. Es sind natürlich

[106] vgl. [11], S. 29

auch bei Verwendung des StLB fehlerhafte Leistungsbeschreibungen möglich. Diese entstehen dann zumeist durch falsche Kombination der Textbausteine und nicht durch unklare Formulierungen.

Die Anwendung des StLB kann in mehreren Formen erfolgen: Einmal ist es möglich, sämtliche Ausschreibungen auf der Basis des StLB zu erstellen. Eine Alternative zum wirksamen Zusammensuchen der Textbausteine ist die Benutzung bereits fertiger, nach StLB aufgebauter Positionen. Verlage bieten solche Texte auf dem Markt an. Eine Kombination aus Fertig-, Fremd- und StLB-Texten kann durchaus sinnvoll sein.

Im Bereich der öffentlichen Hand wird das StLB umfassend angewandt. Nach den Vergaberichtlinien im Vergabehandbuch soll bei Zuschussmaßnahmen des Bundes oder Landes das StLB verwendet werden.

Die Vorteile beim Arbeiten mit dem StLB können folgendermaßen zusammengefasst werden:

- Die Texte sind korrekt formuliert und enthalten alle notwendigen Angaben,
- Verweise auf DIN-Normen, daher exakte Beschreibung,
- Lang- und Kurztext werden gleichzeitig generiert,
- Korrekte Abrechnungseinheiten werden vorgegeben,
- Individuelle Erläuterungen, Änderungen und Ergänzungen sind über Freitexte möglich,
- Die Texte erfüllen die Anforderungen des § 9 VOB/A und lassen daher eine eindeutige Kalkulation zu.[107]

> „Ergänzend zum Standardleistungsbuch sind vom Bundesminister für Verkehr **Standardleistungskataloge** herausgegeben worden, die einheitliche Leistungsbeschreibungen im Bereich des Straßen- und Brückenbaus sowie des Wasserbaus ermöglichen. Auch hier wird die Leistungsbeschreibung aus Textteilen zusammengesetzt, wobei ein Grundtext die generelle Teilleistung kennzeichnet. Dieser Grundtext wird durch Folgetexte mit detaillieren Angaben über die Leistung ergänzt.“[108]

Eine übersichtliche Zusammenfassung der Vor- und Nachteile einer Leistungsbeschreibung mit Leistungsverzeichnis liefern die folgenden Tabellen:

[107] vgl. [34], S. 723
[108] siehe [23], S. 44

Tabelle 3.2: Vorteile eines Leistungsverzeichnisses[109]

Vorteile eines Leistungsverzeichnisses für die Beteiligten	
Auftraggeber	**Auftragnehmer**
Einflussmöglichkeit des Auftraggebers	Mittelstandsförderung
Preisvergleiche im Detail	Exakte Leistungsdefinition
Änderungsmöglichkeiten	Beste Vorbereitung zur Prüfung der Unterlagen
Angemessenheit der Angebote gut prüfbar	Optimale Bedingungen für die Kalkulation
Objektive Abrechnung	

Tabelle 3.3: Nachteile eines Leistungsverzeichnisses[110]

Nachteile eines Leistungsverzeichnisses für die Beteiligten	
Auftraggeber	**Auftragnehmer**
Aufstell- und Abrechnungsaufwand	Keine Freiheit für Unternehmer Know-how (außer bei Nebenangeboten)
	Kaum Einflussmöglichkeit auf das Gesamtobjekt

Leistungsbeschreibung mit Leistungsprogramm

§ 9 VOB/A
Beschreibung der Leistung
Leistungsbeschreibung mit Leistungsprogramm

15. Wenn es nach Abwägen aller Umstände zweckmäßig ist, abweichend von Nummer 11 zusammen mit der Bauausführung auch den Entwurf für die Leistung dem Wettbewerb zu unterstellen, um die technisch, wirtschaftlich und gestalterisch beste sowie funktionsgerechte Lösung der Bauaufgabe zu ermitteln, kann die Leistung durch ein Leistungsprogramm dargestellt werden.
16. (1) Das Leistungsprogramm umfasst eine Beschreibung der Bauaufgabe, aus der die Bewerber alle für die Entwurfsbearbeitung und ihr Angebot maßgebenden Bedingungen und Umstände erkennen können und in der sowohl der Zweck der fertigen Leistung als auch die an sie gestellten

[109] vgl. [1], S. 53 ff.
[110] vgl. [1], S. 53 ff.

technischen, wirtschaftlichen, gestalterischen und funktionsbedingten Anforderungen angegeben sind, sowie gegebenenfalls ein Musterleistungsverzeichnis, in dem die Mengenangaben ganz oder teilweise offen gelassen sind.
(2) Die Nummern 12 bis 14 gelten sinngemäß.

17. Von dem Bieter ist ein Angebot zu verlangen, das außer der Ausführung der Leistung den Entwurf nebst eingehender Erläuterung und eine Darstellung der Bauausführung sowie eine eingehende und zweckmäßig gegliederte Beschreibung der Leistung - gegebenenfalls mit Mengen- und Preisangaben für Teile der Leistung - umfasst. Bei Beschreibung der Leistung mit Mengen- und Preisangaben ist vom Bieter zu verlangen, dass er
    a) die Vollständigkeit seiner Angaben, insbesondere die von ihm selbst ermittelten Mengen, entweder ohne Einschränkung oder im Rahmen einer in den Verdingungsunterlagen anzugebenden Mengentoleranz vertritt und, dass er
    b) etwaige Annahmen, zu denen er in besonderen Fällen gezwungen ist, weil zum Zeitpunkt der Angebotsabgabe einzelne Teilleistungen nach Art und Menge noch nicht bestimmt werden können (z.B. Aushub-, Abbruch- oder Wasserhaltungsarbeiten) – erforderlichenfalls anhand von Plänen und Mengenermittlungen – begründet.

Im Gegensatz zur herkömmlichen Leistungsbeschreibung mit Leistungsverzeichnis sieht § 9 VOB/A auch die Möglichkeit vor, neben der eigentlichen Bauausführung auch den Entwurf dem Wettbewerb zu unterwerfen, um die technisch, wirtschaftlich und gestalterisch beste sowie funktionsgerechteste Lösung der Bauaufgabe zu ermitteln. Das **Leistungsprogramm**, auch **funktionale Leistungsbeschreibung**[111] genannt, umfasst eine Beschreibung der Bauaufgabe, aus der die Bewerber alle für das Angebot maßgebenden Bedingungen und Umstände erkennen können und in der sowohl der Zweck der fertigen Leistung als auch die an sie gestellten Anforderungen angegeben sind. Im Gegensatz zur Ausschreibung mit LV enthält die Funktionalausschreibung nur relativ allgemein gehaltene Formulierungen der zu erbringenden Leistung.[112] Bei der Leistungsbeschreibung mit Leistungsprogramm wird die gesamte Ausführung einschließlich Entwurfs- und Ausführungsplanung ausgeschrieben.

---

111 Die VOB kennt diesen Begriff allerdings nicht.
112 vgl. [15], S. 17

Funktionale Ausschreibungen kommen heute mit zunehmender Häufigkeit bei privaten Bauherren zur Anwendung. Sie haben in der Regel Pauschalverträge zur Folge.[113]

Diese Art der Ausschreibung ist nur in besonderen Fällen anzuwenden, da sie vom Wettbewerber einen sehr hohen Aufwand zur Angebotsbearbeitung verlangt.

> „Die Erstellung eines Leistungsprogramms erfordert auf Seiten des Ausschreibenden den hochqualifizierten Fachmann, wenn nicht Unsicherheiten in der Preisbildung sowie in der Qualität zu nicht vergleichbaren Angeboten führen sollen.“ [114]

Je mehr individualisierte Anteile ein Leistungsangebot enthält, desto mehr tritt der Gesamtnutzwert der angebotenen Lösung für den Kunden in den Vordergrund und umso besser kann sich ein Unternehmen von der Konkurrenz differenzieren. Die wirtschaftlichste Baulösung hat für den Bauherrn meist einen vielschichtigen Charakter. Neben einer möglichst geringen Investitionssumme ergeben sich minimale Betriebskosten, geringe Aufwendungen für den baulichen Unterhalt sowie eine langfristige Werterhaltung.[115]

---

[113] vgl. [34], S. 727

[114] siehe [33], S. 28

[115] vgl. [14], S. 573-580

Tabelle 3.4: Vorteile der Funktionalen Leistungsbeschreibung[116]

Vorteile der Funktionalen Leistungsbeschreibung für die Beteiligten	
Auftraggeber	**Auftragnehmer**
Verlagerung vieler ihn sonst treffender Risiken bei entsprechender Gestaltung des Leistungsprogramms (z.B. Risiken der Preisänderung wegen Mengenfehlern in der Planung; Baugrundrisiko häufig nicht)	Möglichkeit der frühzeitigen Beeinflussung des Gesamtobjekts in seinem Sinne
Kostenreduzierung bei Minimierung eigener Leistungen	Besserer Einsatz der unternehmerischen Erfahrung für spezielle und rationelle Arbeitsmethoden durch Anwendung eigenen Know-Hows
Geringere Aufwendungen für Planungs- und Objektüberwachungshonorare	Koordinierungsvorteile durch Verringerung der Schnittstellen
In der Regel Kostensicherheit durch Pauschalierung des Preises	Konzentration auf Koordination eigener Leistungen und die seiner Nachunternehmer
Schnelle und terminsichere Realisierung	Freiheit bei Einkauf von Nachunternehmerleistungen und dadurch günstgere Preises
Geringere Baukosten	Wettbewerbs- und dadurch Marktvorteile durch gemeinsame Planungs- und Ausführungsleistungen
Geringerer Aufstellungs- und Abrechnungsaufwand	
Planungsaufwand geringer	
Verantwortungsweitergabe und -konzentration	

116 vgl. [1], S. 58 ff.

Tabelle 3.5: Nachteile der Funktionalen Leistungsbeschreibung[117]

Nachteile der Funktionalen Leistungsbeschreibung für die Beteiligten	
Auftraggeber	**Auftragnehmer**
Möglichkeit der frühzeitigen Beeinflussung des Gesamtobjekts in seinem Sinne	Planungsaufwand für Auftragnehmer teilweise immens
Subunternehmerleistungen durch Auftragnehmer beliebig wählbar	Erhöhtes Kostenrisiko durch Pauschalierung des Preises
Reduzierter Markt	
Probleme bei der Leistungsfeststellung	
Unklarheiten bei Änderungen durch den Auftraggeber	
Erschöpfende Beschreibung der Anforderungen schwieriger	
Vergleich verschiedener Angebote schwierig bis gar nicht möglich	

Umsatzsteuer

Die in den Angeboten vom Bieter anzugebenden Preise sind ohne die auf sie entfallende Umsatzsteuer anzugeben und zu summieren. Das Ergebnis ergibt die Netto-Angebotssumme. Am Ende muss die Umsatzsteuer jedoch ausgewiesen werden, da sie sonst nicht Vertragsbestandteil wird. Die Netto-Angebotssumme zuzüglich Steuer ergibt die Brutto-Angebotssumme.[118]

---

118 vgl. [33], S. 34

3.6 Aushändigung der Vergabeunterlagen

§ 20 VOB/A
Kosten

1. (1) Bei Öffentlicher Ausschreibung darf für die Leistungsbeschreibung und die anderen Unterlagen ein Entgelt gefordert werden. Dieses Entgelt darf nicht höher sein als die Selbstkosten des Auftraggebers für die Vervielfältigung der Leistungsbeschreibung und der anderen Unterlagen sowie der Kosten der postalischen Versendung an die betreffenden Bieter; dies gilt auch bei digitaler Übermittlung. In der Bekanntmachung (§ 17 Nr. 1) ist anzugeben, wie hoch es ist und dass es nicht erstattet wird.
(2) Bei Beschränkter Ausschreibung und Freihändiger Vergabe sind alle Unterlagen unentgeltlich abzugeben.
2. (1) Für die Bearbeitung des Angebots wird keine Entschädigung gewährt. Verlangt jedoch der Auftraggeber, dass der Bewerber Entwürfe, Pläne, Zeichnungen, statische Berechnungen, Mengenberechnungen oder andere Unterlagen ausarbeitet, insbesondere in den Fällen des § 9 Nr. 15 bis 17, so ist einheitlich für alle Bieter in der Ausschreibung eine angemessene Entschädigung festzusetzen. Ist eine Entschädigung festgesetzt, so steht sie jedem Bieter zu, der ein der Ausschreibung entsprechendes Angebot mit den geforderten Unterlagen rechtzeitig eingereicht hat.
(2) Diese Grundsätze gelten für die Freihändige Vergabe entsprechend.
3. Der Auftraggeber darf Angebotsunterlagen und die in den Angeboten enthaltenen eigenen Vorschläge eines Bieters nur für die Prüfung und Wertung der Angebote (§§ 23 und 25) verwenden. Eine darüber hinausgehende Verwendung bedarf der vorherigen schriftlichen Vereinbarung.

Nach § 20 Nr. 1 VOB/A darf der AG für die Unterlagen einer Öffentlichen Ausschreibung die Vervielfältigungskosten verlangen. Bei der Beschränkten Ausschreibung sind die Unterlagen in der Regel ebenso unentgeltlich abzugeben wie bei der Freihändigen Vergabe. Bei der Abgabe der Unterlagen muss der AG darauf achten, dass Bieter, welche die Unterlagen gegebenenfalls bei der Verwaltung abholen, nicht Einblick in Listen bekommen, aus denen sie entnehmen können, wer das Angebot sonst schon abgeholt hat. Eine Musterliste ist in Kapitel 7.10: Liste – Angeforderte Angebote bei öffentlichen Ausschreibungen zu finden.

4 Die Angebote

§ 21 VOB/A
Form und Inhalt der Angebote

1. (1) Der Auftraggeber legt fest, in welcher Form die Angebote einzureichen sind. Schriftlich eingereichte Angebote sind immer zuzulassen. Sie müssen unterzeichnet sein. Elektronisch übermittelte Angebote sind nach Wahl des Auftraggebers mit einer fortgeschrittenen elektronischen Signatur nach dem Signaturgesetz und den Anforderungen des Auftraggebers oder mit einer qualifizierten elektronischen Signatur nach dem Signaturgesetz zu versehen.
(2) Die Auftraggeber haben die Integrität der Daten und die Vertraulichkeit der Angebote auf geeignete Weise zu gewährleisten. Per Post oder direkt übermittelte Angebote sind in einem verschlossenen Umschlag einzureichen, als solche zu kennzeichnen und bis zum Ablauf der für die Einreichung vorgesehenen Frist unter Verschluss zu halten. Bei elektronisch übermittelten Angeboten ist dies durch entsprechende technische Lösungen nach den Anforderungen des Auftraggebers und durch Verschlüsselung sicherzustellen. Die Verschlüsselung muss bis zum Ablauf der Frist zur Einreichung der Angebote aufrecht erhalten bleiben. Die Angebote sollen nur die Preise und die geforderten Erklärungen enthalten. Änderungen des Bieters an seinen Eintragungen müssen zweifelsfrei sein.
(3) Änderungen an den Verdingungsunterlagen sind unzulässig.
(4) Der Auftraggeber soll allgemein oder im Einzelfall zulassen, dass Bieter für die Angebotsabgabe eine selbstgefertigte Abschrift oder stattdessen eine selbstgefertigte Kurzfassung des Leistungsverzeichnisses benutzen, wenn sie den vom Auftraggeber verfassten Wortlaut der Urschrift des Leistungsverzeichnisses als allein verbindlich schriftlich anerkennen; Kurzfassungen müssen jedoch die Ordnungszahlen (Positionen) vollzählig, in der gleichen Reihenfolge und mit den gleichen Nummern wie in der Urschrift, wiedergeben.
(5) Muster und Proben der Bieter müssen als zum Angebot gehörig gekennzeichnet sein.

2. Eine Leistung, die von den vorgesehenen technischen Spezifikationen abweicht, darf angeboten werden, wenn sie mit dem geforderten Schutzniveau in Bezug auf Sicherheit, Gesundheit und Gebrauchstauglichkeit gleichwertig ist. Die Abweichung muss im Angebot eindeutig bezeichnet sein. Die Gleichwertigkeit ist mit dem Angebot nachzuweisen.
3. Die Anzahl von Nebenangeboten ist an einer vom Auftraggeber in den Verdingungsunterlagen bezeichneten Stelle aufzuführen. Etwaige Nebenangebote müssen auf besonderer Anlage gemacht und als solche deutlich gekennzeichnet werden.
4. Soweit Preisnachlässe ohne Bedingungen gewährt werden, sind diese an einer vom Auftraggeber in den Verdingungsunterlagen bezeichneten Stelle aufzuführen.
5. (1) Bietergemeinschaften haben eines ihrer Mitglieder als bevollmächtigten Vertreter für den Abschluss und die Durchführung des Vertrags zu bezeichnen.
   (2) Fehlt die Bezeichnung im Angebot, so ist sie vor der Zuschlagserteilung beizubringen.
6. Der Auftraggeber hat die Anforderungen an den Inhalt der Angebote nach den Nummern 1 bis 5 in die Vergabeunterlagen aufzunehmen.

> „Bis zum Vorliegen der Angebote, die auch Kostenanschläge genannt werden, ist eine umfangreiche Arbeit notwendig, die bei der Bauvoranfrage, dem Vorentwurf, dem Bauantrag beginnt und bei der Planung, Ausschreibung und Einholung von Angeboten endet.“[119]

Die Bearbeitung der eingereichten Angebote beginnt auf Auftraggeberseite mit deren Öffnung und endet mit der Erteilung des Zuschlags. Die Behörde nimmt nicht sofort Kenntnis von den Offerten. Ganz im Sinne der Korruptionsprävention werden die Angebote zunächst verschlossen aufbewahrt und erst zum Ende der Angebotsfrist (siehe Kapitel 4.1) geöffnet. So wird sichergestellt, dass kein Anbieter etwas von den Angeboten seiner Konkurrenten erfährt, solange er sein Angebot noch ändern kann.

Besonderes Augenmerk ist auf Veränderungen innerhalb der Verdingungsunterlagen zu legen. In Bezug auf diese Problematik hat die Vergabekammer Nordbayern folgendes entscheiden:

---

119 siehe [28], S. 36

Nach § 25 Nr. 1 Abs. 1 b VOB/A ist ein Angebot zwingend von der Wertung auszuschließen, dass Änderungen an den Verdingungsunterlagen enthält (§ 21 Nr. 1 Abs. 3 VOB/A). Abweichungen von den Vorgaben der Verdingungsunterlagen ändern nach ständiger Rechtsprechung des Bundesgerichtshofes die Verdingungsunterlagen in unzulässiger Weise. Der Bieter muss davon ausgehen, dass der Auftraggeber die Leistung regelmäßig in dem von ihm vorgegebenen Umfang ausgeführt haben will. Nur dann ist eine erschöpfende, vergleichende Wertung der einzelnen Angebote möglich und ein transparenter, chancengleicher Bieterwettbewerb i.S.d. § 97 Abs. 1 u. 2 GWB, §§ 2 Nr. 2 und 8 Nr. 1 VOB/A gewährleistet. Die Vergabestelle hat kein Recht zu einer wie auch immer gearteten großzügigen Handhabe, im Nachhinein von ihren Festlegungen abzuweichen. Sie ist vielmehr gezwungen, das abweichende Angebot aus der Wertung zunehmen.

VK Nordbayern, Beschluss vom 10.06.2008 - 21.VK - 3194 - 25/08

4.1 Angebotsfristen

§ 18 VOB/A
Angebotsfrist, Bewerbungsfrist

1. Für die Bearbeitung und Einreichung der Angebote ist eine ausreichende Angebotsfrist vorzusehen, auch bei Dringlichkeit nicht unter **10 Kalendertagen**. Dabei ist insbesondere der zusätzliche Aufwand für die Besichtigung von Baustellen oder die Beschaffung von Unterlagen für die Angebotsbearbeitung zu berücksichtigen.
2. Die Angebotsfrist läuft ab, sobald im Eröffnungstermin der Verhandlungsleiter mit der Öffnung der Angebote beginnt.
3. Bis zum Ablauf der Angebotsfrist können Angebote in Textform zurückgezogen werden.
4. Für die Einreichung von Teilnahmeanträgen bei Beschränkter Ausschreibung nach Öffentlichem Teilnahmewettbewerb ist eine ausreichende Bewerbungsfrist vorzusehen.

Im Zuge eines der möglichen Angebotsverfahren werden die Angebote von den Wettbewerbsteilnehmern bearbeitet. Dafür steht diesen eine für alle einheitliche Zeitspanne, die Angebotsfrist, zur Verfügung. Nach § 18 VOB/A ist eine angemessene Frist vorzusehen, wobei § 18 Nr. 1 VOB/A für Bauleistungen selbst in Fällen der Dringlichkeit oder bei kleinen Bauleistungen **mindestens 10 Kalendertage** vorsieht. Die Fristen für europaweite Ausschreibungen nach den Abschnitten 2 bis 4 VOB/A sind weiträumiger, sie betragen mindestens 52 Kalendertage, können unter bestimmten Voraussetzungen aber auf 36 Kalendertage verkürzt werden. Die Angebotsfrist beginnt mit der Absendung der Aufforderung zur Angebotsabgabe und endet, sobald im Eröffnungstermin der Verhandlungsleiter mit der Öffnung des ersten Angebots beginnt. Bis zu diesem Zeitpunkt kann der Bieter auch sein Angebot jederzeit schriftlich, fernschriftlich und telegrafisch zurückziehen.[120]

4.2 Submission

§ 22 VOB/A
Eröffnungstermin

1. Bei Ausschreibungen ist für die Öffnung und Verlesung (Eröffnung) der Angebote ein Eröffnungstermin abzuhalten, in dem nur die Bieter und ihre Bevollmächtigten zugegen sein dürfen. Bis zu diesem Termin sind die auf direktem Weg oder per Post schriftlich zugegangenen Angebote, die beim Eingang auf dem ungeöffneten Umschlag zu kennzeichnen sind, unter Verschluss zu halten; entsprechend sind digitale Angebote zu kennzeichnen und verschlüsselt aufzubewahren.
2. Zur Eröffnung zuzulassen sind nur Angebote, die dem Verhandlungsleiter bei Öffnung des ersten Angebots vorliegen.
3. (1) Der Verhandlungsleiter stellt fest, ob der Verschluss der schriftlichen Angebote unversehrt ist und die digitalen Angebote verschlüsselt sind.
   (2) Die Angebote werden geöffnet und in allen wesentlichen Teilen im Eröffnungstermin gekennzeichnet. Name und Wohnort der Bieter und die Endbeträge der Angebote oder ihrer einzelnen Abschnitte, ferner andere den Preis betreffende Angaben werden verlesen. Es wird bekannt gegeben, ob und von wem Nebenangebote eingereicht sind. Weiteres aus dem Inhalt der Angebote soll nicht mitgeteilt werden.
   (3) Muster und Proben der Bieter müssen im Termin zur Stelle sein.
4. (1) Über den Eröffnungstermin ist eine Niederschrift zu fertigen. Sie ist zu verlesen; in ihr ist zu vermerken, dass sie verlesen und als richtig anerkannt worden ist oder welche Einwendungen erhoben worden sind.

[120] vgl. § 16 Nr. 2, Nr. 3 VOB/A

(2) Sie ist vom Verhandlungsleiter zu unterschreiben; die anwesenden Bieter und Bevollmächtigten sind berechtigt, mit zu unterzeichnen.

5. Angebote, die bei der Öffnung des ersten Angebots nicht vorgelegen haben (Nummer 2), sind in der Niederschrift oder in einem Nachtrag besonders aufzuführen. Die Eingangszeiten und die etwa bekannten Gründe, aus denen die Angebote nicht vorgelegen haben, sind zu vermerken. Der Umschlag und andere Beweismittel sind aufzubewahren.

6. (1) Ein Angebot, das nachweislich vor Ablauf der Angebotsfrist dem Auftraggeber zugegangen war, aber bei Öffnung des ersten Angebots aus vom Bieter nicht zu vertretenden Gründen dem Verhandlungsleiter nicht vorgelegen hat, ist wie ein rechtzeitig vorliegendes Angebot zu behandeln.
(2) Den Bietern ist dieser Sachverhalt unverzüglich schriftlich mitzuteilen. In die Mitteilung sind die Feststellung, dass der Verschluss unversehrt war und die Angaben nach Nummer 3 Abs. 2 aufzunehmen.
(3) Dieses Angebot ist mit allen Angaben in die Niederschrift oder in einen Nachtrag aufzunehmen. Im Übrigen gilt Nummer 5 Satz 2 und 3.

7. Den Bietern und ihren Bevollmächtigten ist die Einsicht in die Niederschrift und ihre Nachträge (Nummern 5 und 6 sowie § 23 Nr. 4) zu gestatten; den Bietern können die Namen der Bieter sowie die verlesenen und die nachgerechneten Endbeträge der Angebote sowie die Zahl ihrer Nebenangebote nach der rechnerischen Prüfung mitgeteilt werden. Nach Antragstellung hat dies unverzüglich zu erfolgen. Die Niederschrift darf nicht veröffentlicht werden.

8. Die Angebote und ihre Anlagen sind sorgfältig zu verwahren und geheim zu halten; dies gilt auch bei Freihändiger Vergabe.

§ 24 VOB/A
Aufklärung des Angebotsinhalts

1. (1) Bei Ausschreibungen darf der Auftraggeber nach Öffnung der Angebote bis zur Zuschlagserteilung mit einem Bieter nur verhandeln, um sich über seine Eignung, insbesondere seine technische und wirtschaftliche Leistungsfähigkeit, das Angebot selbst, etwaige Nebenangebote, die geplante Art der Durchführung, etwaige Ursprungsorte oder Bezugsquellen von Stoffen oder Bauteilen und über die Angemessenheit der Preise, wenn nötig durch Einsicht in die vorzulegenden Preisermittlungen (Kalkulationen), zu unterrichten.
(2) Die Ergebnisse solcher Verhandlungen sind geheim zu halten. Sie sollen schriftlich niedergelegt werden.

2. Verweigert ein Bieter die geforderten Aufklärungen und Angaben, so kann sein Angebot unberücksichtigt bleiben.
3. Andere Verhandlungen, besonders über Änderung der Angebote oder Preise, sind unstatthaft, außer wenn sie bei Nebenangeboten oder Angeboten aufgrund eines Leistungsprogramms nötig sind, um unumgängliche technische Änderungen geringen Umfangs und daraus sich ergebende Änderungen der Preise zu vereinbaren.

Vor allem bei Bauvorhaben öffentlicher Auftraggeber findet nach Beendigung der Angebotsfrist ein Eröffnungstermin (Submission) statt, bei dem die Angebotsendpreise in Gegenwart der evtl. anwesenden Bieter verlesen werden, nachdem die Angebote den bis dahin ungeöffneten Umschlägen entnommen wurden. Neben den Vertretern des AG (Verhandlungsleiter, Protokollführer) dürfen im Anwendungsbereich der VOB/A nur die Bieter und ihre Bevollmächtigten bei der Submission zugegen sein.[121] Dieses formale Verfahren wird im privaten Bereich seltener angewandt. Man legt meistens Wert darauf, die Angebotsergebnisse geheim zu halten, was einen Vorteil bei evtl. Preisverhandlungen mit sich bringt.

Beim Eröffnungstermin werden die Angebote geöffnet und unter Anwesenheit aller Bieter in formeller Hinsicht geprüft. In dieser Phase können bereits Bieter wegen formeller Mängel ausgeschlossen werden. Die Angebotspreise der verschiedenen Angebote bzw. der Angebotsteile werden nun allen Bietern vorgelesen.[122]

In der Praxis hat sich zur Korruptionsprävention die Vorgehensweise bewährt die während der Submission geöffneten Angebote zu lochen bzw. zu prägen und anschließend zu kopieren. Diese Kopien werden im Anschluss daran in einem Tresor unter Verschluss gehalten.

Abbildung 4.1: Eröffnung nach § 22 VOB/A schildert das Vorgehen bei der Submission:

[121] vgl. § 22 Nr. 1 VOB/A
[122] vgl. [22], S. 70

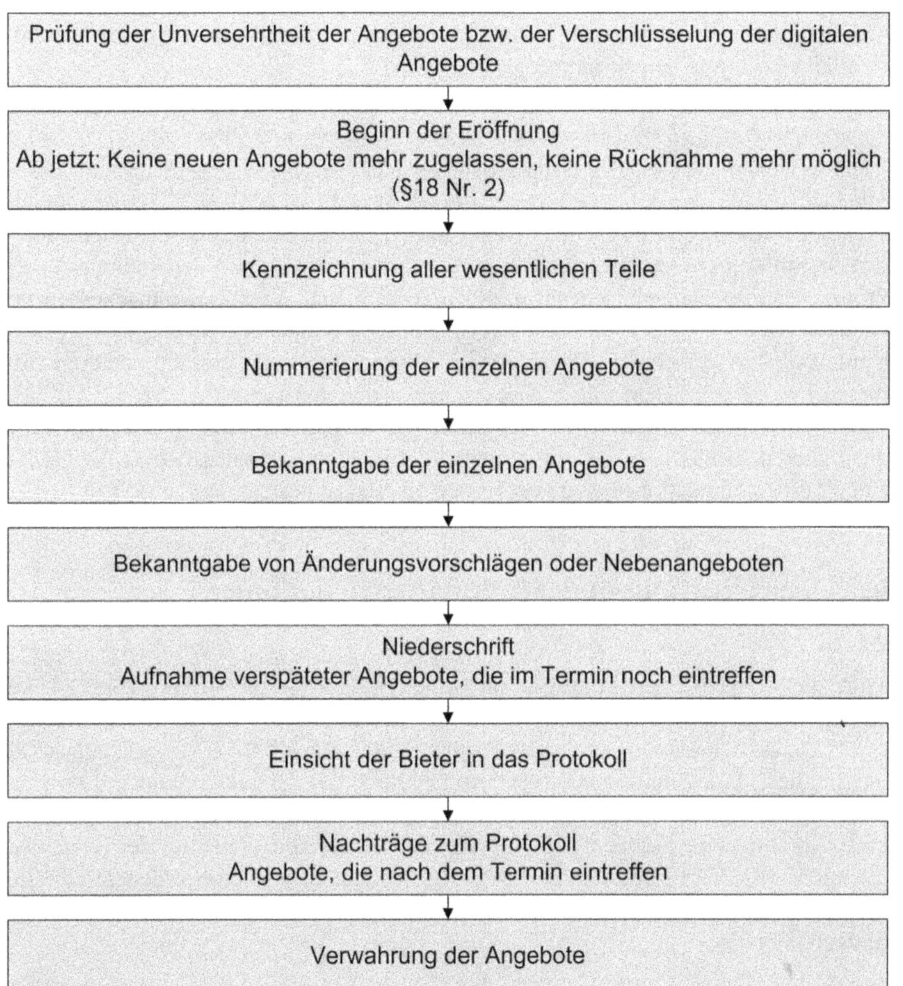

Abbildung 4.1: Eröffnung nach § 22 VOB/A

Der öffentliche Auftraggeber darf nach Angebotsöffnung mit den Bietern **keine Preisverhandlungen** führen. Dennoch kann es durch Nachprüfung Preisänderungen aufgrund von Rechenfehlern geben. Der private Bauherr kann nach der Submission, sofern er eine solche auch durchführt, mit jedem Bieter einzeln Preise und Vertragsbedingungen nach verhandeln. Diese vertragsergänzenden Vereinbarungen werden ebenfalls in Protokollen zusammengefasst.[123]

Bei der Submission verlesen werden müssen ferner „andere den Preis betreffende Angaben", also auch Nachlässe und Skonti. Nach dem Wortlaut des § 22 Nr. 2 VOB/A ist nur die Angabe erforderlich, ob und wer Nebenangebote oder Änderungsvorschläge abgegeben hat; deren Betrag ist nicht zu nennen.[124] Ferner müssen eventuelle Muster oder Proben der Bieter im Termin zur Stelle sein. Über den Eröffnungstermin muss eine Niederschrift gefertigt werden, die vom Verhandlungsleiter, Protokollführer und von den anwesenden Bietern und ihren Bevollmächtigten zu unterzeichnen ist.[125] Ein Formblatt der Verdingungsniederschrift ist dem Vergabehandbuch[126] zu entnehmen. Grundsätzlich können die Bieter und die weiteren Befugten Personen Einsicht in die Niederschrift verlangen (vgl. § 22 Nr. 7 VOB/A). Die Angebote sind sorgfältig zu verwahren und geheim zu halten. Diese Vorschrift dient auch dem Interesse des Auftraggebers, weil gerade in dieser Phase die größte Gefahr für Manipulationen an den Angebotsunterlagen besteht.

4.3 Prüfung und Wertung der Angebote

Wäre die Vergabe eines Auftrages mit keinerlei Risiko verbunden, so könnte ohne weiteres das niedrigste Angebot, das mit der Leistungsbeschreibung übereinstimmt, den Zuschlag erhalten. Da jedoch immer gewisse Risiken bestehen, ist es unerlässlich, dass zunächst die Leistungsfähigkeit und Zuverlässigkeit des für den Zuschlag in Aussicht genommenen Anbieters überprüft wird. Diese Prüfung wird umso wichtiger, je größer das Einkaufsrisiko ist. Bei der Wertung der Angebote kommt es vor allem darauf an, dass diejenigen Bieter ausgewählt werden, die für die Erfüllung der einzugehenden vertraglichen Verpflichtungen die notwendige Sicherheit bieten.

[123] vgl. [12], S. 103
[124] vgl. [19], § 22, Rdnr. 24
[125] vgl. § 22 Nr. 4 VOB/A
[126] gemäß [25]

4.3.1 Prüfung der Angebote

§ 23 VOB/A
Prüfung der Angebote

1. Angebote, die im Eröffnungstermin dem Verhandlungsleiter bei Öffnung des ersten Angebots nicht vorgelegen haben, und Angebote, die den Bestimmungen des § 21 Nr. 1 Abs. 1 bis 3 nicht entsprechen, brauchen nicht geprüft zu werden.
2. Die übrigen Angebote sind rechnerisch, technisch und wirtschaftlich zu prüfen, gegebenenfalls mit Hilfe von Sachverständigen (§ 7).
3. (1) Entspricht der Gesamtbetrag einer Ordnungszahl (Position) nicht dem Ergebnis der Multiplikation von Mengenansatz und Einheitspreis, so ist der Einheitspreis maßgebend. Ist der Einheitspreis in Ziffern und in Worten angegeben und stimmen diese Angaben nicht überein, so gilt der dem Gesamtbetrag der Ordnungszahl entsprechende Einheitspreis. Entspricht weder der in Worten noch der in Ziffern angegebene Einheitspreis dem Gesamtbetrag der Ordnungszahl, so gilt der in Worten angegebene Einheitspreis.
(2) Bei Vergabe für eine Pauschalsumme gilt diese ohne Rücksicht auf etwa angegebene Einzelpreise.
(3) Absätze 1 und 2 gelten auch bei Freihändiger Vergabe. 4. Die aufgrund der Prüfung festgestellten Angebotsendsummen sind in der Niederschrift über den Eröffnungstermin zu vermerken.

Die Anbieterprüfung soll sicherstellen, dass die Leistung rechtzeitig in der gewünschten Qualität geliefert wird.

Im Normalfall werden die Angebote parallel durchgesehen, d.h. es wird jeweils eine Position innerhalb der Angebote aller Bieter verglichen. Man sollte ein Protokoll der Angebotsprüfung erstellen.[127]

Nach Eingang der Angebote müssen diese sachlich und rechnerisch geprüft werden. Die **sachliche Prüfung** muss durch den Projekt-Sachbearbeiter selbst durchgeführt werden. Die vorgelegten Angebote müssen in ihrem Inhalt den formalen Festlegungen der Allgemeinen Vergabebestimmungen entsprechen. Für besondere Mitteilungen wie Änderungsvorschläge oder Nebenangebote müssen besondere und deutlich gekennzeichnete Anlagen verwendet werden.

[127] vgl. [13], S. 129

Nach § 17 Nr. 1 Abs. 2u hat der Auftraggeber in den Vergabeunterlagen anzugeben, ob er Nebenangebote zulässt. Gemäß Art. 24 Abs. 2 VergabeRL 2004/18/EG sind Nebenangebote nicht zulässig, wenn sie nicht in der Bekanntmachung ausdrücklich für zulässig erklärt wurden. Ebenso bestimmt § 25a Nr. 3 VOB/A, dass Nebenangebote die in den Vergabeunterlagen bzw. der Bekanntmachung geforderten Mindestbedingungen gibt. Soweit Nebenangebote zugelassen sein sollen, hat der Auftraggeber in den Vergabeunterlagen die Mindestanforderungen zu erläutern, die Nebenangebote erfüllen müssen (§ 25a Nr. 3 VOB/A). Der bloße Verweis darauf, dass Nebenangebote eine qualitativ gleichwertige Leistung enthalten müssen, reicht dazu gemäß des EuGH-Urteils vom 16.10.2003 (Rs. C-421/01, ZfBR 2004, 85ff.) nicht aus.[128]

Bei der Prüfung von Nebenangeboten ist besonders darauf zu achten, dass diese für die Prüfung und Bewertung eindeutig und erschöpfend beschrieben sind und die Gleichwertigkeit dadurch gegeben ist. Andernfalls sind sie von der Wertung auszuschließen.

> Beschreibt ein Bieter ein Nebenangebot nicht so eindeutig und erschöpfend, dass der Auftraggeber in die Lage versetzt wird, es zu prüfen, zu werten und festzustellen, ob es gleichwertig ist, ist das Nebenangebot gem. § 25 Nr. 2 VOB/A von der Wertung auszuschließen.
>
> OLG Brandenburg, Beschluss vom 12.11.2002– Verg W 16/02

Angebote, die den formalen Bestimmungen nicht entsprechen, dürfen der Wertung nicht unterzogen zu werden. Die **rechnerische Prüfung** stellt fest, ob die mathematischen Operationen richtig vollzogen worden sind. Fehler sind kenntlich zu machen.[129]

---

[128] vgl. [18], S. 79

[129] vgl. [33], S. 35

Ein Angebot, das die in der Ausschreibung geforderten Erklärungen nicht oder nicht vollständig enthält ist grundsätzlich geeignet, die Wettbewerbsstellung der Bieter zu verändern; denn der entsprechende Bieter ist, im Gegensatz zu den Bietern mit annahmefähigen Angeboten, nicht an sein Angebot gebunden und hat insofern einen Wettbewerbsvorteil; das Angebot ist nicht annahmefähig, weil das Fehlen alternativ abzugebender, sich gegenseitig ausschließender Erklärungen bewirkt, dass das Angebot seinem Inhalt nach weder eindeutig noch bestimmbar ist; Nachverhandlungen, die einem infolge unvollständiger Erklärungen nicht annahmefähigem Angebot durch Ergänzungen zur Annahmefähigkeit verhelfen wollen, sind unstatthaft, § 24 Nr. 3 VOB/A); Ausschluss gemäß § 25 Nr. 1 Abs. 1 lit. b VOB/A wegen Verstoßes gegen § 21 Nr. 1 Abs. 1 Satz 3 VOB/A.

BayObLG, Beschluss vom 19.03.2002 - Verg 2/02

Ausnahmsweise dürfen auch nicht bei der Submission vorliegende Angebote berücksichtigt werden, wenn ein Angebot nachweislich vor Ablauf der Angebotsfrist dem Auftraggeber zugegangen war, aber auch aus Gründen, die nicht der Bieter zu vertreten hat; dieser Sachverhalt ist den Bietern unverzüglich mitzuteilen (vgl. § 22 Nr. 6 VOB/A). Demgegenüber liegt ein Verstoß gegen den Gleichbehandlungsgrundsatz vor, wenn zwischen Ende der Einreichungsfrist und dem Submissionstermin eingereichte Angebote nachträglich zugelassen werden.[130]

Ferner muss das Angebot eine rechtsverbindliche Unterschrift aufweisen, die keinen Zweifel an der Vertretungsbefugnis des Unterzeichnenden zulässt.[131] Im Fall einer Bietergemeinschaft ist das Angebot von allen Mitgliedern rechtsverbindlich zu unterzeichnen (Bietergemeinschafts-Erklärung). Es sei denn, einer der Gesellschafter ist alleinvertretungsberechtigt. Andernfalls liegt kein nach § 19 VOB/A bindendes Angebot vor.

Die Anforderungen an das Angebot sind in § 21 VOB/A geregelt und gelten grundsätzlich auch bei EU-Ausschreibungen.

Der Bieter darf grundsätzlich für die Angebotsabgabe eine selbstgefertigte Kurzfassung des LV verwenden, wenn er in einer gesonderten Erklärung den Wortlaut der Urschrift als allein verbindlich anerkennt und die Positionen vollzählig, in der gleichen Reihenfolge und mit den gleichen Nummern wie in der Urschrift, wiedergibt. Soweit Muster oder Proben beigefügt werden, müssen sie als dem Angebot zugehörig gekennzeichnet sein.[132]

---

130 vgl. OLG Dresden, Urteil vom 14.4.2000 -WVerg 0001/00

131 vgl. § 21 Nr. 1 VOB/A

132 vgl. [35], S. 51

4.3.2 Wertung der Angebote

§ 25 VOB/A
Wertung der Angebote

1. (1) Ausgeschlossen werden:
   a) Angebote, die im Eröffnungstermin dem Verhandlungsleiter bei Öffnung des ersten Angebots nicht vorgelegen haben, ausgenommen Angebote nach § 22 Nr. 6,
   b) Angebote, die dem § 21 Nr. 1 Abs. 1 bis 3 nicht entsprechen,
   c) Angebote von Bietern, die in Bezug auf die Ausschreibung eine Abrede getroffen haben, die eine unzulässige Wettbewerbsbeschränkung darstellt,
   d) Nebenangebote, wenn der Auftraggeber in der Bekanntmachung oder in den Vergabeunterlagen erklärt hat, dass er diese nicht zulässt.

   (2) Außerdem können Angebote von Bietern nach § 8 Nr. 5 sowie Angebote, die dem § 21 Nr. 3 Satz 2 nicht entsprechen, ausgeschlossen werden.
2. (1) Bei Öffentlicher Ausschreibung ist zunächst die Eignung der Bieter zu prüfen. Dabei sind anhand der vorgelegten Nachweise die Angebote der Bieter auszuwählen, deren Eignung die für die Erfüllung der vertraglichen Verpflichtungen notwendigen Sicherheiten bietet; dies bedeutet, dass sie die erforderliche Fachkunde, Leistungsfähigkeit und Zuverlässigkeit besitzen und über ausreichende technische und wirtschaftliche Mittel verfügen.
   (2) Bei Beschränkter Ausschreibung und Freihändiger Vergabe sind nur Umstände zu berücksichtigen, die nach Aufforderung zur Angebotsabgabe Zweifel an der Eignung des Bieters begründen (vgl. § 8 Nr. 4).
3. (1) Auf ein Angebot mit einem unangemessen hohen oder niedrigen Preis darf der Zuschlag nicht erteilt werden.
   (2) Erscheint ein Angebotspreis unangemessen niedrig und ist anhand vorliegender Unterlagen über die Preisermittlung die Angemessenheit nicht zu beurteilen, ist in Textform vom Bieter Aufklärung über die Ermittlung der Preise für die Gesamtleistung oder für Teilleistungen zu verlangen, gegebenenfalls unter Festlegung einer zumutbaren Antwortfrist. Bei der Beurteilung der Angemessenheit sind die Wirtschaftlichkeit des Bauverfahrens, die gewählten technischen Lösungen oder sonstige günstige Ausführungsbedingungen zu berücksichtigen.
   (3) In die engere Wahl kommen nur solche Angebote, die unter Berücksichtigung rationellen Baubetriebs und sparsamer Wirtschaftsführung eine

einwandfreie Ausführung einschließlich Haftung für Mängelansprüche erwarten lassen. Unter diesen Angeboten soll der Zuschlag auf das Angebot erteilt werden, das unter Berücksichtigung aller Gesichtspunkte, wie z.B. Qualität, Preis, technischer Wert, Ästhetik, Zweckmäßigkeit, Umwelteigenschaften, Betriebs- und Folgekosten, Rentabilität, Kundendienst und technische Hilfe oder Ausführungsfrist als das wirtschaftlichste erscheint. Der niedrigste Angebotspreis allein ist nicht entscheidend.

4. Ein Angebot nach § 21 Nr. 2 ist wie ein Hauptangebot zu werten.
5. Nebenangebote sind zu werten, es sei denn, der Auftraggeber hat sie in der Bekanntmachung oder in den Vergabeunterlagen nicht zugelassen. Preisnachlässe ohne Bedingung sind nicht zu werten, wenn sie nicht an der vom Auftraggeber nach § 21 Nr. 4 bezeichneten Stelle aufgeführt sind.
6. Bietergemeinschaften sind Einzelbietern gleichzusetzen, wenn sie die Arbeiten im eigenen Betrieb oder in den Betrieben der Mitglieder ausführen.
7. Die Bestimmungen der Nummern 2 und 3 gelten auch bei Freihändiger Vergabe. Die Nummern 1, 4, 5 und 6 sind entsprechend auch bei Freihändiger Vergabe anzuwenden.

Angebote, die von der Wertung auszuschließen sind, werden im § 25 VOB/A näher umrissen. Bei der Wertung der Angebote kommt es vor allem darauf an, dass diejenigen Bieter ausgewählt werden, die für die Erfüllung der einzugehenden vertraglichen Verpflichtungen die notwendige Sicherheit bieten. Dazu gehört laut § 25 Nr. 2 (1) VOB/A, dass sie die erforderliche **Fachkunde**, **Leistungsfähigkeit** und **Zuverlässigkeit** besitzen und über ausreichende technische und wirtschaftliche Mittel verfügen. Der niedrigste Angebotspreis allein ist nicht entscheidend. Bedient man sich zur Beurteilung der verschiedenen Aspekte wie Qualität, Preis, technischer Wert, Ästhetik, Zweckmäßigkeit, Umwelteigenschaften, Betriebs- und Folgekosten, Rentabilität, Kundendienst und technische Hilfe oder Ausführungsfrist eines Punktebewertungssystems, so ist auf eine sinnvolle und ausgewogene Gewichtung zu achten.

Wenn in einem Punktbewertungssystem der Preis mit einer Quote von weniger als 30% einbezogen ist, liegt regelmäßig ein Verstoß gegen das Gebot der Vergabe an das wirtschaftlichste Angebot (§ 97 Abs. 5 GWB) vor.
OLG Dresden, Beschluss vom 5.01.2001– Wverg 11/00 u. 12/00

Die Wertung der Angebote erfolgt in der Regel in drei Schritten:

Zuerst werden die nach der Prüfung **übrig gebliebenen Angebote** ermittelt. Als Zweites wird die **Eignung der Bieter** bezüglich Leistungsfähigkeit, Liquidität, etc. bewertet. Bei Öffentlicher Ausschreibung ist zunächst eine Vorauswahl unter dem Gesichtspunkt der Eignung der Bieter nach Maßgabe des § 25 Nr. 2 VOB/A zu treffen. Bei Beschränkter Ausschreibung und Freihändiger Vergabe erfolgt eine Negativprüfung; dort sollen nur Zweifel an der Eignung eines Bieters beachtet werden.[133]

Daraufhin wird der **Angebotspreis bewertet**. Angebote die unangemessen günstig (sog. Dumpingangebote) oder unangemessen hoch sind, werden gemäß § 25 Nr. 3 VOB/A ausgeschlossen.

Bei der Beurteilung von unangemessen niedrigen Angebotspreisen gem. § 25 Nr. 3 Abs. 1 VOB/A sei an dieser Stelle noch auf ein Urteil des Oberlandesgerichts Celle vom 18.11.2001 verwiesen:

> Bei der Feststellung, ob ein unangemessen niedriges Angebot vorliegt, ist grundsätzlich auf den Preis des Gesamtangebots abzustellen, auf Einzelpositionen ausnahmsweise dann, wenn diese einen gewichtigen Teil des Gesamtangebots ausmachen.
>
> OLG Celle, Beschluss vom 08.11.2001– 13 Verg 12/01

Dem Auftraggeber obliegt die Verpflichtung unangemessen niedrige Preise aufzuklären. Das geschieht im ersten Schritt über ein Aufklärungsgespräch zwischen Auftraggeber und Bieter. Führt dieses Gespräch wider Erwarten nicht zur Aufklärung der Preisgestaltung ist der Bieter gem. § 25 Nr. 3 (2) VOB/A im zweiten Schritt verpflichtet seine Unterlagen zur Preisermittlung dem Auftraggeber zur Prüfung auszuhändigen. Ist die Angemessenheit der Preisermittlung auch jetzt nicht nachvollziehbar, so hat der Auftraggeber vom Bieter in Textform Aufklärung über die Ermittlung der Preise zu verlangen.

Die jetzt noch verbliebenen Bieter stellen die engere Wahl nach § 25 Nr. 3 (3) VOB/A dar. Sie müssen allesamt unter **Berücksichtigung eines wirtschaftlichen Baubetriebs** eine einwandfreie Ausführung einschließlich Gewährleistung erwarten lassen können. Den Zuschlag soll derjenige erhalten, dessen Angebot unter Berücksichtigung aller technischen und wirtschaftlichen sowie gestalterischen und funktionsbedingten Gesichtspunkten als das wirtschaftlichste erscheint. In

[133] vgl. [35], S. 52

§ 25 Nr. 3 (3) VOB/A ist ausdrücklich geregelt, dass der Angebotspreis allein nicht entscheidend ist. Ein wichtiger zu betrachtender Aspekt ist die Leistungserbringung durch Nachunternehmer. Grundsätzlich muss in diesem Zusammenhang insbesondere § 8 VOB/B Nr. 8 (1) betrachtet werden:

> „Der Auftragnehmer hat die Leistung im eigenen Betrieb auszuführen. Mit schriftlicher Zustimmung des Auftraggebers darf er sie an Nachunternehmer übertragen. Die Zustimmung ist nicht notwendig bei Leistungen, auf die der Betrieb des Auftragnehmers nicht eingerichtet ist. Erbringt der Auftragnehmer ohne schriftliche Zustimmung des Auftraggebers Leistungen nicht im eigenen Betrieb, obwohl sein Betrieb darauf eingerichtet ist, kann der Auftraggeber ihm eine angemessene Frist zur Aufnahme der Leistung im eigenen Betrieb setzen und erklären, dass er ihm nach fruchtlosem Ablauf der Frist den Auftrag entziehe (§ 8 Nr. 3)."

Ausschluss des Angebots des Beigeladenen, wenn sich nachträglich herausstellt, dass entgegen der Erklärung im Angebot im beträchtlichen Umfang Nachunternehmer eingesetzt werden müssten.
BayObLG, Beschluss vom 13.03.2001 - Verg 1/01

In diesem Zusammenhang stellt sich die Frage, bis zu welchem Maß der Bieter seine angebotene Leistung an Nachunternehmer weiter vergeben darf. Das Bayerische Oberste Landesgericht hat sich zu dieser Frage, mit folgendem Urteil geäußert:

Ein Bieter ist von der Wertung wegen Verstoßes gegen den Grundsatz der Selbstausführung der Leistungen nach § 4 Nr. 8 Abs. 1 Satz 1 VOB/B auszuschließen, wenn er ca. 80% des Auftragswertes an Nachunternehmer vergeben will, ohne sich selbst eine Ausführung wesentlicher Teile vorzubehalten, obwohl sein Betrieb auf diese Leistungen eingerichtet ist und ca. 20% an Nachunternehmer, weil sein Betrieb die Leistungen nicht selbst erbringen kann.
BayObLG, Beschluss vom 17.06.2002 - Verg 14/02

Mit unter deshalb kommt der Erklärung zum Nachunternehmereinsatz durch den Bieter eine besondere Bedeutung zu. Das Fehlen einer solchen vom Auftraggeber geforderten Erklärung führt zwingend zum Ausschluss des Angebots.

Bei Art und Umfang eines beabsichtigten Nachunternehmereinsatzes handelt es sich grundsätzlich um eine kalkulationserhebliche Erklärung, die sich auf die Wettbewerbsstellung auswirkt und deren Fehlen zum zwingenden Ausschluss des gesamten Angebots gem. § 25 Nr. 1 Abs. 1 lit b VOB/A führt.
BayObLG, Beschluss vom 28.08.2002 - Verg 20/02

Bieterqualifikation

§ 8 VOB/A
Teilnehmer am Wettbewerb

1. Alle Bewerber oder Bieter sind gleich zu behandeln. Der Wettbewerb darf insbesondere nicht auf Bewerber beschränkt werden, die in bestimmten Regionen oder Orten ansässig sind.
2. (1) Bei Öffentlicher Ausschreibung sind die Unterlagen an alle Bewerber abzugeben, die sich gewerbsmäßig mit der Ausführung von Leistungen der ausgeschriebenen Art befassen.
   (2) Bei Beschränkter Ausschreibung sollen im Allgemeinen nur 3 bis 8 geeignete Bewerber aufgefordert werden. Werden von den Bewerbern umfangreiche Vorarbeiten verlangt, die einen besonderen Aufwand erfordern, so soll die Zahl der Bewerber möglichst eingeschränkt werden.
   (3) Bei Beschränkter Ausschreibung und Freihändiger Vergabe soll unter den Bewerbern möglichst gewechselt werden.
3. (1) Von den Bewerbern oder Bietern dürfen zum Nachweis ihrer Eignung (Fachkunde, Leistungsfähigkeit und Zuverlässigkeit) Angaben verlangt werden über
   a) den Umsatz des Unternehmers in den letzten drei abgeschlossenen Geschäftsjahren, soweit er Bauleistungen und andere Leistungen betrifft, die mit der zu vergebenden Leistung vergleichbar sind, unter Einschluss des Anteils bei gemeinsam mit anderen Unternehmern ausgeführten Aufträgen,
   b) die Ausführung von Leistungen in den letzten drei abgeschlossenen Geschäftsjahren, die mit der zu vergebenden Leistung vergleichbar sind,
   c) die Zahl der in den letzten drei abgeschlossenen Geschäftsjahren jahresdurchschnittlich beschäftigten Arbeitskräfte, gegliedert

nach Berufsgruppen,

d) die dem Unternehmer für die Ausführung der zu vergebenden Leistung zur Verfügung stehende technische Ausrüstung,

e) das für die Leitung und Aufsicht vorgesehene technische Personal,

f) die Eintragung in das Berufsregister ihres Sitzes oder Wohnsitzes,

g) andere, insbesondere für die Prüfung der Fachkunde geeignete Nachweise.

Als Nachweise nach den Buchstaben a, c und f sind auch von der zuständigen Stelle ausgestellte Bescheinigungen zulässig, aus denen her vorgeht, dass der Unternehmer in einer amtlichen Liste in einer Gruppe geführt wird, die den genannten Leistungsmerkmalen entspricht.

(2) Als Nachweis der Eignung (Fachkunde, Leistungsfähigkeit und Zuverlässigkeit) ist insbesondere auch die vom Auftraggeber direkt abrufbare Eintragung in die allgemein zugängliche Liste des Vereins für die Präqualifikation von Bauunternehmen e.V. (Präqualifikationsverzeichnis) zulässig. Auf den konkreten Auftrag bezogene zusätzliche Nachweise können verlangt werden.

(3) Der Auftraggeber wird andere ihm geeignet erscheinende Nachweise der wirtschaftlichen und finanziellen Leistungsfähigkeit zulassen, wenn er feststellt, dass stichhaltige Gründe dafür bestehen.

(4) Bei Öffentlicher Ausschreibung sind in der Aufforderung zur Angebotsabgabe die Nachweise zu bezeichnen, deren Vorlage mit dem Angebot verlangt oder deren spätere Anforderung vorbehalten wird. Bei Beschränkter Ausschreibung nach Öffentlichem Teilnahmewettbewerb ist zu verlangen, dass die Nachweise bereits mit dem Teilnahmeantrag vorgelegt werden.

4. Bei Beschränkter Ausschreibung und Freihändiger Vergabe ist vor der Aufforderung zur Angebotsabgabe die Eignung der Bewerber zu prüfen. Dabei sind die Bewerber auszuwählen, deren Eignung die für die Erfüllung der vertraglichen Verpflichtungen notwendige Sicherheit bietet; dies bedeutet, dass sie die erforderliche Fachkunde, Leistungsfähigkeit und Zuverlässigkeit besitzen und über ausreichende technische und wirtschaftliche Mittel verfügen.

5. (1) Von der Teilnahme am Wettbewerb dürfen Unternehmer ausgeschlossen werden,

a) über deren Vermögen das Insolvenzverfahren oder ein vergleichbares gesetzlich geregeltes Verfahren eröffnet oder die Eröffnung beantragt worden ist oder der Antrag mangels Masse abgelehnt wurde,

b) deren Unternehmen sich in Liquidation befinden,
c) die nachweislich eine schwere Verfehlung begangen haben, die ihre Zuverlässigkeit als Bewerber in Frage stellt,
d) die ihre Verpflichtung zur Zahlung von Steuern und Abgaben sowie der Beiträge zur gesetzlichen Sozialversicherung nicht ordnungsgemäß erfüllt haben,
e) die im Vergabeverfahren vorsätzlich unzutreffende Erklärungen in Bezug auf ihre Fachkunde, Leistungsfähigkeit und Zuverlässigkeit abgegeben haben,
f) die sich nicht bei der Berufsgenossenschaft angemeldet haben.

(2) Der Auftraggeber darf von den Bewerbern oder Bietern entsprechende Bescheinigungen der zuständigen Stellen oder Erklärungen verlangen.

(3) Der Nachweis, dass Ausschlussgründe im Sinne von Absatz 1 nicht vorliegen, kann auch durch eine Bescheinigung nach Nummer 3 Abs. 2 geführt werden, es sei denn, dass dies widerlegt wird.

6. Justizvollzugsanstalten, Einrichtungen der Jugendhilfe, Aus- und Fortbildungsstätten und ähnliche Einrichtungen sowie Betriebe der öffentlichen Hand und Verwaltungen sind zum Wettbewerb mit gewerblichen Unternehmern nicht zuzulassen.

Im privaten Bereich bleibt es den Auftraggebern überlassen selbst zu bestimmen, welche Unternehmer an einem Wettbewerb teilnehmen können. Für die Baumaßnahmen der öffentlichen Hand gelten jedoch ausschließlich die Festlegungen der Vergabe- und Vertragsordnung, sowohl für den Kreis der Wettbewerbsteilnehmer als auch für die Art der Bekanntmachung der Ausschreibungen (vgl. §§ 8 und 17 VOB/A).[134]

Der Auftrag darf gem. § 2 Nr. 1 VOB/A bzw. § 97 (4) GWB[135] nur an fachkundige, leistungsfähige und zuverlässige Bieter vergeben werden. Unter der Voraussetzung, dass nicht im Rahmen einer beschränkten Ausschreibung bereits die Qualifikation der Bieter geprüft wurde, wird Im Rahmen der Wertung über die Qualifikation entschieden.

Gemäß § 3 VOB/A Nr. 3 (1) ist der Auftraggeber berechtigt Angaben zum Nachweis der Eignung eines Bieters zu verlangen.

Beim Nachweis der Zuverlässigkeit über den Unternehmensumsatzes ist für den Auftraggeber zu beachten, dass er – vor allem wegen des Diskriminierungsverbots

---

[134] vgl. [33], S. 18

[135] Gesetz gegen Wettbewerbsbeschränkungen, Ausfertigungsdatum: 26.08.1998

des § 2 Nr. 2 VOB/A bzw. des § 97 (2) GWB – einen nach den benannten Umsätzen festgestellten Ausschlussgrund sachlich einwandfrei rechtfertigen muss. Der einzureichende Umsatznachweis muss sich ausdrücklich auf Bauleistungen und Leistungen beziehen, welche mit der zu vergebenden Leistung vergleichbar sind.

Zum Nachweis der Fachkunde bzw. der technischen Leistungsfähigkeit hat sich in der Praxis das Einfordern von Referenzen bewährt. Anhand dieser lässt sich abschätzen, ob eine erfolgreiche Realisierung des zu vergebenden Auftrags von dem Bieter geleistet werden kann. Diese Referenzen müssen, wie auch ein einzureichender Umsatznachweis, auf den konkreten Auftrag abgestimmt sein und den dafür zu erbringenden Leistungsbereich abdecken.

Zu diesen beiden Aspekten entschied die 3. Vergabekammer des Bundes beim Bundeskartellamt folgendes:

> „Die Anforderungen an quantitativ und qualitativ vergleichbare oder gleichartige Leistungen ist durch Auslegung des Wortlauts der Verdingungsunterlagen unter Berücksichtigung von Sinn und Zweck der geforderten Angaben sowie unter Berücksichtigung des Wettbewerbs- und Gleichbehandlungsgrundsatzes des Vergabeverfahrens (vgl. § 97 Abs. 1 und 2 GWB) zu bestimmen. Die vorgelegten Referenzen müssen danach den Schluss zulassen, dass der Bieter in der Lage sein wird, die ausgeschriebene Maßnahme vertragsgemäß durchzuführen." (VK 3 – 94/05)

Das bedeutet, dass vergleichsweise einzureichende Referenzen nicht gleich oder identisch sein müssen, sondern von der Schwierigkeit der Leistungserbringung vergleichbar zu sein haben.

Weitere Nachweise können eingefordert werden über die Zahl der Beschäftigten, die zur Verfügung stehende technische Ausrüstung oder die einzusetzenden Führungskräfte auf der Baustelle. Auch diverse Unbedenklichkeitsbescheinigungen der Finanzbehörde und/oder der Sozialversicherungsträger bzw. ein Auszug aus dem Bundeszentralregister kann die Zuverlässigkeit eines Bieters untermauern.

Anhand dieser Vielzahl an Nachweisen zeigt sich eine grundlegende Problematik, mit der sich sowohl Auftraggeber als auch Bieter auseinander setzen müssen. Einerseits ist der öffentliche Auftraggeber darauf bedacht das Vorhaben möglichst innerhalb des festgelegten Kostenrahmens termingerecht in vollem Funktionsumfang errichten zu lassen. Dazu bedient er sich vorteilhafterweise erfahrener Unternehmen, denn nur diese sind in der Lage die oben aufgeführten Nachweise in ausreichender Zahl vorzuweisen. Andererseits sollte der Auftraggeber durch stete Erweiterung der Anbieterstruktur mit neuen (jungen) Unternehmen bemüht sein den Wettbewerb zu fördern.

Um dieser sich widersprechenden Situation zu begegnen, muss sich der Auftraggeber über die zum Ausführungserfolg wirklich notwendigen Nachweise bewusst sein, um auch Unternehmen, welche sich auf Grund ihrer jungen Firmengeschichte noch nicht etablieren konnten, eine faire Chance bieten zu können.

Zur Vereinfachung der Beurteilung der Bieterqualifikation bei der Vergabe von öffentlichen Aufträgen wurden bereits verschiedene Bewertungssysteme entwickelt. Als spezifische Beispiele seien hier die DIN EN 1610 „Verlegung und Prüfung von Abwasserleitungen und -kanälen" oder die „Gütesicherung Kanalbau RAL-GZ 961" genannt.

Ein für die Bauwirtschaft allgemeines Verfahren bietet der Verein für die Präqualifikation von Bauunternehmen e.V. mit Sitz in Bonn. Präqualifikation (PQ-Verfahren) ist ein anderer Ausdruck für die vorgelagerte, auftragsunabhängige Prüfung von Eignungsnachweisen auf der Basis der in § 8 VOB/A definierten Anforderungen und gegebenenfalls zusätzlicher Kriterien.

Der Zweck dieses Vereins ist die Einführung und Weiterentwicklung eines Präqualifikationssystems für Bauunternehmen zur Vergabe öffentlicher Bauaufträge.

Dabei ist zu beachten, dass der im Jahre 2005 gegründete Verein ausschließlich die Möglichkeit die Eignung von Bauunternehmen in Bezug auf die Erfüllung formaler Kriterien zu beurteilen bietet. Technische Aspekte werden hingegen nicht abgeprüft.

Die formalen Kriterien des Eignungsnachweises sind auf der Basis der in § 8 VOB/A definierten Anforderungen formuliert und berücksichtigen zusätzlich relevante Inhalte der Insolvenzordnung (InsO), der Strafprozessordnung (StPO), des Strafgesetzbuchs (StGB), der Gewerbeordnung (GewO), des Gesetzes zur Bekämpfung der Schwarzarbeit (SchwarzArbG), des Gesetzes über zwingende Arbeitsbedingungen bei grenzüberschreitenden Dienstleistungen (AEntG) u.v.m.

Mit ihrer Eintragung in die Präqualifizierungsliste dokumentieren Bauunternehmen ihre Zuverlässigkeit, Fachkunde und Leistungsfähigkeit sowohl gegenüber öffentlichen Auftraggebern als auch gegenüber privaten Auftraggebern und anderen Unternehmern mit einer Art Gütesiegel. Von der Präqualifiaktion wird die vollständige Leistungskette bis hin zum Nachunternehmereinsatz erfasst. Die Eignungsnachweise, insbesondere Referenzen, stehen dem öffentlichen Auftraggeber auf der Internetseite www.pq-verein.de zur Verfügung.

Preisspiegel

Die letzte Stufe der Bewertung gem. § 25 ist die Bewertung des Angebotspreises. Es empfiehlt sich, die Einheits- und Gesamtpreise aller Bieter in einem Preisspiegel gegenüberzustellen. Dies kann manuell oder über EDV geschehen. Die Preise für gleiche Leistungen sind bezüglich ihrer Relation untereinander zu kennzeichnen.

Aus einem derartigen Preisspiegel kann sehr schnell ein Urteil über die Angemessenheit der Preise gewonnen werden.[136] Ein Auszug aus einem Preisspiegel, welcher im Rahmen der in Kapitel 1 erläuterten Grundschulerweiterung für die Bewertung der Angebote erstellt wurde, ist im Folgenden zur Veranschaulichung abgebildet:

	B-Nr. 1	B-Nr. 2	B-Nr. 3	B-Nr. 4	B-Nr. 5	B-Nr. 6	Mittelpreis	Idealpreis
1. Trockenbau- und Malerarbeiten								
1.1. Trockenbauarbeiten								
1.1.10 Abdeck- und Schutzmaßnahmen					**6.593 m²**			
Einheitspreis	2,49	9,8	1,2	2,9	1,8	1,87	3,34	1,2
Gesamtpreis	16416	64611,4	7911,6	19119,7	11867,4	12328,91	22042,50	7911,6
Prozent/ Rang	207,49	816,67	100%	241,67	150,00	155,83	262,11	100%
1.1.20 Unterdecke UK D113					**4985 m²**			
Einheitspreis	29,15	29,2	26,9	31,66	24,5	24,17	27,60	24,17
Gesamtpreis	145306,7	145562	134096,5	157825,1	122132,5	120487,45	137568,38	120487,45
Prozent/ Rang	120,60	120,81	111,29	130,99	101,37	100	114,18	100
1.1.30 Unterdecke wie vor, jedoch Beplankung mit GK-Lochplatten					**1609 m²**			
Einheitspreis	49,26	52,5	54,5	51,02	36,8	38,26	47,06	36,8
Gesamtpreis	79259,5	84472,5	87690,5	82091,18	59211,2	61560,34	75714,20	59211,2
Prozent/ Rang	133,86	142,66	148,10	138,64	100	103,97	127,87	100
1.1.40 Ausbildung Wandanschluss als Schattenfuge					**6096 m**			
Einheitspreis	5,2	10,51	3,1	7,2	2,6	4,73	5,56	2,6
Gesamtpreis	31699,2	64068,96	18897,6	43891,2	15849,6	28834,08	33873,44	15849,6
Prozent/ Rang	200,00	404,23	119,23	276,92	100	181,92	213,72	100
Gesamtpreis	**256265,40**	**294103,46**	**240684,60**	**283807,48**	**197193,30**	**210881,87**	**247156,02**	**195548,25**
	129,96	**149,14**	**122,06**	**143,92**	**100**	**106,94**	**125,34**	**99,17**
Kommentare	Unternehmer 1		keine					
	Unternehmer 2		Angebot gilt nur bis Ende des Jahres...					
	Unternehmer 3		keine					
	Unternehmer 4		nur Trockenbauleistung angeboten!					
	Unternehmer 5		Eine "gesonderte Mannschaft" würde ordentlich Geld kosten ...					
	Unternehmer 6		VOB?					

Abbildung 4.2: Beispiel – Preisspiegel

Zusätzlich ist es sinnvoll, über die eingegangen Angebote ein **sachliches Bewertungsprotokoll** anzufertigen. Im Rahmen des Fallbeispiels wurde jedes ausgeschriebene Gewerk einer sachlichen Bewertung durch das zuständige Planungsbüro unterzogen, welches dann eine Vergabeempfehlung an die Gemeinde gegeben hat. Sich der Meinung externer Fachleute zu bedienen empfiehlt sich vor allem bei besonders schwierigen Bauvorhaben, da es bei der Vergabeentscheidung vorteilhaft ist mehrere Meinungen vorliegen zu haben. Es empfiehlt sich eine Wertungsübersicht zu erstellen, um am Ende eine Übersicht als Bewertungsgrundlage zu haben. Das Formblatt für eine solche Wertungsübersicht gemäß Vergabehandbuch[137] ist Kapitel 7.9 zu entnehmen.

---

136 vgl. [33], S. 38

137 siehe [25]

Ein besonderes Augenmerk muss in diesem Zusammenhang auf Nachlässe und Skonti gelegt werden.

Nachlässe werden im Preisspiegel nur berücksichtigt, sofern diese an keine Bedingungen geknüpft sind.

Ein **Skonto** ist ein Angebot des Bieters einen prozentualen Anteil auf den Rechnungsbetrag bei Zahlung innerhalb einer bestimmten Frist oder bei Barzahlung zu erlassen. Da nicht sichergestellt werden kann, dass die gesetzten Zahlungsziele erreicht werden, ist das Skonto im Preisspiegel nicht zu berücksichtigen. Das Skonto wird aber in der Rechnung berücksichtigt sofern das Zahlungsziel erreicht wurde.

5 Abschluss des Vergabeverfahrens

§ 19 VOB/A
Zuschlags- und Bindefrist

1. Die Zuschlagsfrist beginnt mit dem Eröffnungstermin.
2. Die Zuschlagsfrist soll so kurz wie möglich und nicht länger bemessen werden, als der Auftraggeber für eine zügige Prüfung und Wertung der Angebote (§§ 23 bis 25) benötigt. Sie soll nicht mehr als **30 Kalendertage** betragen; eine längere Zuschlagsfrist soll nur in begründeten Fällen festgelegt werden. Das Ende der Zuschlagsfrist ist durch Angabe des Kalendertages zu bezeichnen.
3. Es ist vorzusehen, dass der Bieter bis zum Ablauf der Zuschlagsfrist an sein Angebot gebunden ist (Bindefrist).
4. Die Nummern 1 bis 3 gelten bei Freihändiger Vergabe entsprechend.

§ 28 VOB/A
Zuschlag

1. Der Zuschlag ist möglichst bald, mindestens aber so rechtzeitig zu erteilen, dass dem Bieter die Erklärung noch vor Ablauf der Zuschlagsfrist (§ 19) zugeht.
2. (1) Wird auf ein Angebot rechtzeitig und ohne Abänderungen der Zuschlag erteilt, so ist damit nach allgemeinen Rechtsgrundsätzen der Vertrag abgeschlossen, auch wenn spätere urkundliche Festlegung vorgesehen ist.
   (2) Werden dagegen Erweiterungen, Einschränkungen oder Änderungen vorgenommen oder wird der Zuschlag verspätet erteilt, so ist der Bieter bei Erteilung des Zuschlags aufzufordern, sich unverzüglich über die Annahme zu erklären.

Den Zuschlag erhält das im Sinne des § 25 Nr. 3 (3) VOB/A wirtschaftlichste Angebot. Wird der Zuschlag innerhalb der Zuschlags- und Bindefrist vom AG unverändert angenommen, so ist der Vertrag zwischen AG und AN zustande gekommen.

Vergabeverfahren enden nicht mit der Zuschlags- und Bindefrist, sondern durch Zuschlag oder Aufhebung; Grundsätzlich kann daher eine Zuschlagserteilung auch noch nach Ablauf der Zuschlags- und Bindefrist erfolgen.
Hanseatisches OLG Hamburg, Beschluss vom 25.02.2002– 1 Verg 1/01

Die Unterzeichnung einer Urkunde ist nicht notwendig.[138] Diese ist nur dann erforderlich, wenn sich der Vertragsinhalt nicht schon aus dem Angebot mit den dazugehörigen Unterlagen eindeutig und erschöpfend ergibt.[139] Aus formalen und organisatorischen Gründen ist die Schriftform jedoch sinnvoll. Wird der Zuschlag nicht rechtzeitig oder seitens des AN nur unter Änderungen angenommen, ist der Bieter bei Erteilung des Zuschlages aufzufordern, sich sofort über die Annahme zu erklären. Hintergrund ist, dass die Annahme des Angebots unter Abänderungen rechtlich eine Ablehnung des Angebots des Bieters durch den AG darstellt. Gleichzeitig stellt dies ein neues, insoweit geändertes Angebot des AG dar (vgl. § 150 (2) BGB). Dadurch wird auch die Bindung des Bieters an sein Angebot aufgehoben. Nimmt der Bieter dieses Angebot des Auftraggebers nicht an, ist auch der Antrag des AG erloschen. Das hat zur Folge, dass der Bieter nicht mehr an sein ursprüngliches Angebot gebunden ist. Es sei denn, der Auftraggeber hat darauf im Zuschlagsschreiben hingewiesen. Kann über den Zuschlag nicht rechtzeitig entschieden werden, wird in der Regel von den in Frage kommenden Bietern die Zustimmung zur Verlängerung der Zuschlagsfrist erbeten.

Die **Zuschlagsfrist** darf höchstens 30 Kalendertage betragen. Eine verlängerte Zuschlagsfrist soll nur in begründeten Fällen festgelegt werden. Einzelheiten dazu regelt § 19 VOB/A.

---

138 vgl. § 28 Nr. 2 VOB/A
139 vgl. § 29 Nr. 1 VOB/A

Die Bitte der Vergabestelle um **Verlängerung der Zuschlagsfrist** enthält nicht zugleich die konkludente Erklärung, über eine damit verbundene Neubestimmung der Bauausführungsfrist nachverhandeln zu wollen; wird die Zuschlagsfrist verlängert, ohne dass sich die Beteiligten zu einer etwaigen Neubestimmung damit kollidierender Ausführungsfristen erklärt haben, so wird im Falle des Zuschlags das ursprüngliche Angebot mit den darin enthaltenen Ausführungsfristen Vertragsinhalt.

BayObLG, Beschluss vom 15.07.2002 - Verg 15/02

Eine **Verlängerung der Bindefrist** unterliegt keiner festen Regelung. Sie ist jedoch abhängig von internen Aspekten wie Unterschriftenregelungen, Terminen o.ä. und Absprachen.

Der Vertragsabschluss entsteht durch Annahme des Angebots. Die Annahme erfolgt üblicherweise durch ein Zuschlagschreiben (**Auftragsschreiben**) innerhalb der Bindefrist. Zuschlag und Vertragsschluss sind als einheitlicher Rechtsakt anzusehen. Das Zuschlagsschreiben beinhaltet im einfachsten Fall nur die Formulierung „wir erteilen Ihnen den Auftrag gemäß Besprechungsprotokoll vom…". Aus praktischen Erwägungen werden im Zuschlagsschreiben oft der Vertragspreis und die Ausführungsfristen wiederholt.

Das Auftragsschreiben für „Abbruch- Maurer und Betonarbeiten", welches bei dem Bauvorhaben „Grundschulerweiterung" verschickt wurde, befindet sich in Anhang II. Außerdem bietet Kapitel 7.5 ein Formblatt[140] als Grundlage für die Erstellung von Auftragsschreiben.

Einer Auftragsbestätigung durch den AN bedarf es nicht. Lediglich der Erhalt der Vertragsurkunde ist auf den Rücksendeexemplaren für den AG und den Architekt zu bescheinigen.[141]

140 gemäß [25]
141 vgl. [33], S. 39

5.1 Nicht berücksichtigte Bieter

§ 27 VOB/A
Nicht berücksichtigte Bewerbungen und Angebote

1. Bieter, deren Angebote ausgeschlossen worden sind (§ 25 Nr. 1), und solche, deren Angebote nicht in die engere Wahl kommen, sollen so bald wie möglich verständigt werden. Die übrigen Bieter sind zu verständigen, sobald der Zuschlag erteilt worden ist.
2. Auf Verlangen sind den nicht berücksichtigten Bewerbern oder Bietern innerhalb einer Frist von 15 Kalendertagen nach Eingang ihres schriftlichen Antrags die Gründe für die Nichtberücksichtigung ihrer Bewerbung oder ihres Angebots schriftlich mitzuteilen, den Bietern auch der Name des Auftragnehmers.
3. Nicht berücksichtigte Angebote und Ausarbeitungen der Bieter dürfen nicht für eine neue Vergabe oder für andere Zwecke benutzt werden.
4. Entwürfe, Ausarbeitungen, Muster und Proben zu nicht berücksichtigten Angeboten sind zurückzugeben, wenn dies im Angebot oder innerhalb von 30 Kalendertagen nach Ablehnung des Angebots verlangt wird.

Aus § 27 VOB/A geht hervor, dass nicht berücksichtigte Bieter sobald wie möglich verständigt werden sollen. Damit sind Bieter gemeint, deren Angebote ausgeschlossen wurden oder nicht in die engere Auswahl genommen wurden. Falls etwaige Bieter in Form eines Antrags die Gründe für die Nichtberücksichtigung erfragen, ist diesem innerhalb von 15 Kalendertagen Folge zu leisten und den Bietern auch der Name des Auftragnehmers mitzuteilen. Zusätzlich gibt § 27 VOB/A vor, dass nicht berücksichtigte Angebote nicht für neue Vergaben oder andere Zwecke verwendet werden dürfen. Eventuell eingereichte Angebote, Muster oder Proben sind den Unternehmen auf Verlangen innerhalb von 30 Kalendertagen nach Ablehnung des Angebots zurückzugeben. Kapitel 7.6 bietet ein Formblatt als Grundlage für die Erstellung eines Absageschreibens.

5.2 Vergabevermerk

§ 30 VOB/A
Vergabevermerk

1. Über die Vergabe ist ein Vermerk zu fertigen, der die einzelnen Stufen des Verfahrens, die maßgebenden Feststellungen sowie die Begründung der einzelnen Entscheidungen enthält.
2. Wird auf die Vorlage zusätzlich zum Angebot verlangter Unterlagen und Nachweise verzichtet, ist dies im Vergabevermerk zu begründen.

§ 31 VOB/A
Nachprüfungsstellen

In der Bekanntmachung und den Vergabeunterlagen sind die Nachprüfungsstellen mit Anschrift anzugeben, an die sich der Bewerber oder Bieter zur Nachprüfung behaupteter Verstöße gegen die Vergabebestimmungen wenden kann.

Der gesamte Vergabevorgang muss in einem Vergabevermerk dokumentiert werden. Dieser soll nach § 30 VOB/A die einzelnen Stufen des Verfahrens, die maßgebenden Feststellungen sowie die Begründung der einzelnen Entscheidungen enthalten. Falls auf die Vorlage zusätzlich zum Angebot verlangter Unterlagen und Nachweise verzichtet wird, ist dies ebenfalls im Vergabevermerk zu begründen.[142] Ein Formblatt („Vergabevermerk-Allgemeine Angaben") zur schnelleren Erstellung des Vergabevermerks ist dem kommunalen Vergabehandbuch[143] bzw. Kapitel 7.8 zu entnehmen.

Sinn der Bestimmung zur Erstellung eines Vergabevermerks ist es, auch für die Bewerber und Bieter die Überprüfbarkeit der im Rahmen des Vergabeverfahrens getroffenen Feststellungen und Entscheidungen zu gewährleisten. Darüber hinaus ist der Vergabevermerk nicht zuletzt für die Nachprüfungsstellen und Nachprüfungsbehörden (vgl. §§ 31 VOB/A) bedeutsam.[144]

> „§ 31 VOB/A dient dazu, die auf der Bewerber- bzw. Bieterseite beteiligten Unternehmen darüber zu informieren, an wen sie sich wenden können, wenn aus ihrer Sicht auf der Auftraggeberseite während des Vergabeverfahrens Handlungen oder Unterlassungen festzustellen sind, die eine Missachtung der

---

[142] vgl. [21], § 30 VOB/A, Rdnr. 1
[143] vgl. [25]
[144] vgl. [21], § 30 VOB/A, Rdnr. 2

> Vergabebestimmungen bedeuten. Dies betrifft in erster Linie die Zeit während eines laufenden Vergabeverfahrens, damit noch rechtzeitig Abhilfe geschaffen werden kann. § 31 VOB/A ist auf Vergaben unterhalb der EG-Schwellenwerte beschränkt. Für EG-weite Vergaben gilt die [...] Vorschrift des § 31a VOB/A."[145]

Sobald das Vergabeverfahren durch wirksame Erteilung des Auftrages an einen Bieter abgeschlossen ist, kann die Vergabekammer in zulässiger Weise nicht mehr angerufen werden (Beschluss nach § 124 Abs. 2 S. 2 GWB).[146]

Die Anschrift der zuständigen Nachprüfungsstelle ist in der Bekanntmachung der Vergabe sowie in den Vergabeunterlagen anzugeben.[147]

An dieser Stelle sei auf das EDV-Programm **Digitaler Vergabevermerk** der Staatlichen Vermögens- und Hochbauverwaltung Baden-Württemberg hingewiesen. Das EDV-Programm unterstützt die Prüfung und Wertung von Vergabeverfahren entsprechend den Vorgaben der Vergabe- und Vertragsordnung für Bauleistungen (VOB/A). Abhängig von der gewählten Vergabeart erstreckt sich die Dokumentationsmöglichkeit auf ein evtl. erforderliches Vorverfahren (z.B. Bewerberauswahl beim Teilnahmewettbewerb) sowie das (Haupt-)Verfahren (Angebotswertung). In beiden Verfahrensteilen ist die Trennung zwischen Vergabevorschlag (z.B. erstellt durch den freiberuflich Tätigen) und Vergabeentscheidung (erstellt durch die Vergabestelle) berücksichtigt. Die Trennung zwischen Vergabevorschlag und Vergabeentscheidung ermöglicht insbesondere die Anwendung dieses Programms bei der Beteiligung von freiberuflich tätigen Architekten und Ingenieuren in der Wertungsphase. Ein vom freiberuflich Tätigen erstellter und digital übergebener Vergabevorschlag kann vom Auftraggeber eingelesen und gegebenenfalls anders entschieden werden (= Vergabeentscheidung) ohne die Wertungsergebnisse aus dem Vergabevorschlag abzuändern. Die Verfahrensdaten, die maßgebenden Feststellungen sowie die Begründung der einzelnen Entscheidungen sind für Dokumentationszwecke ausdruckbar. Nach getroffener Vergabeentscheidung können zudem Absage- oder Aufhebungsschreiben automatisiert aufbereitet und ebenfalls gedruckt werden.[148]

Vergaberechtlicher Rechtsschutz

Für Vergaben oberhalb der Schwellenwerte liefern die §§ 102 ff. GWB ausreichende Rechtschutzmöglichkeiten. Gemäß § 97 Abs. 7 GWB haben Unternehmen „An-

---

145 vgl. [21], § 31 VOB/A, Rdnr. 1

146 BGH, Urteil vom 19.12.2000-X ZB 14/00

147 vgl. § 30 VOB/A

148 www.vbv.baden-wuerttemberg.de/servlet/PB/menu/1237176/index.html?ROOT=1202370

spruch darauf, dass der Auftraggeber die Bestimmungen über das Vergabeverfahren einhält".

Bei möglichen Beanstandungen erfolgt in erster Instanz die Überprüfung der Vergabeverfahren durch die Vergabekammern. Dieses Nachprüfungsverfahren vor der Vergabekammer wird gemäß §§ 107 Abs. 1, 108 GWB auf schriftlichen Antrag bei der örtlich und sachlich zuständigen Vergabekammer eingeleitet. Ein entscheidendes Merkmal des Nachprüfungsverfahrens sind die engen zeitlichen Vorgaben im Rahmen des beschleunigten Verfahrens.[149]

Hat ein Auftraggeber fälschlicherweise nur national anstatt europaweit ausgeschrieben, soll ein Nachprüfungsverfahren zulässig sein.
Vgl. OLG Düsseldorf, Beschluss vom 18.10.2006 (VII Verg 35/06)

Bei Vergaben unterhalb der Schwellenwerte besteht derzeit eine Gewisse Unsicherheit bezüglich des Primärrechtsschutzes. Ob dieser besteht hängt momentan von der Spruchpraxis des angerufenen Landesgerichts ab. Vor dem Hintergrund, dass die weit überwiegende Zahl der Bauaufträge im Unterschwellenbereich vergeben wird, bleibt der Gesetzgeber dringend aufgerufen, einen einheitlichen primären Vergaberechtsschutz für Vergaben unterhalb der Schwellenwerte einzuführen.

In den vergangenen Jahren haben viele Bieter bei Bauvergaben unterhalb der Schwellenwerte Primärrechtsschutz mit dem Ziel, den Zuschlag zu verhindern, vor den Verwaltungsgerichten gesucht. In der Folge war es aufgrund unterschiedlicher Entscheidungen diverser Verwaltungs- und Oberverwaltungsgerichte zu Unklarheit darüber gekommen, ob Rechtsschutz bei Vergaben unterhalb der Schwellenwerte überhaupt vor den Verwaltungsgerichten in Anspruch genommen werden kann. Die entscheidende Frage dabei war, ob es sich bei vergaberechtlichen Streitigkeiten im Unterschwellenbereich um öffentlich-rechtliche Streitigkeiten i.S.v. § 40 Abs. 1 VwGO handelt. Bezüglich dieser Frage hatten Oberverwaltungsgerichte verschiedener Bundesländer unterschiedlich geurteilt. Dieser Unklarheit hat das Bundesverwaltungsgericht durch seine Entscheidung vom Mai 2007 ein Ende gesetzt. In dieser Entscheidung stellt das Bundesverwaltungsgericht höchstrichterlich fest, dass die Verwaltungsgerichte für die Nachprüfung von Unterschwellenvergaben **nicht** zuständig sind (Beschluss vom 2. Mai 2007, Az: 6 B 10/07).

Ein sekundärer, nachträglicher Rechtsschutz mit dem Ziel, Schadenersatz aufgrund eines Fehlverhaltens des Auftraggebers zu bekommen ist auch für Vergaben unter-

---

[149] vgl. [18], S. 99

halb der Schwellenwerte grundsätzlich eröffnet. Dieser Anspruch wird dem Privatrecht entnommen.[150]

> „Seit der Entscheidung des Bundesverwaltungsgerichts vom Mai 2007 bleibt unterlegenen Bietern, die nicht nur Schadenersatz im Rahmen des sog. Sekundärrechtsschutzes erlangen, sondern die Vergabeentscheidung selbst im Rahmen des Primärrechtsschutzes überprüfen lassen möchten, nur der Weg zu den Zivilgerichten.“[151]

5.3 Aufhebung einer Ausschreibung

§ 26 VOB/A
Aufhebung einer Ausschreibung

1. Die Ausschreibung kann aufgehoben werden:
   a) wenn kein Angebot eingegangen ist, das den Ausschreibungsbedingungen entspricht,
   b) wenn die Verdingungsunterlagen grundlegend geändert werden müssen,
   c) wenn andere schwer wiegende Gründe bestehen.
2. Die Bewerber und Bieter sind von der Aufhebung der Ausschreibung unter Angabe der Gründe, gegebenenfalls über die Absicht, ein neues Vergabeverfahren einzuleiten, unverzüglich zu unterrichten. Die Unterrichtung erfolgt auf Antrag der Bewerber oder Bieter schriftlich.

Es ist nicht zulässig das Ausschreibungsverfahren einfach auslaufen zu lassen. Ein öffentlicher Auftraggeber muss das Verfahren entweder mit dem Zuschlag oder durch Aufhebung des selbigen beenden. Die Aufhebung des Ausschreibungsverfahrens unterliegt streng den in § 26 VOB/A genannten Voraussetzungen.

Bei genauer Betrachtung des § 26 VOB/A erschließt sich, dass es sich hier um eine „Kann“-Bestimmung handelt. Das bedeutet, dass der Auftraggeber bei Vorliegen einer der genannten Bedingungen nicht ausdrücklich verpflichtet ist die Ausschreibung aufzuheben.[152] Liegen also Tatbestände vor, die unter Berücksichtigung des § 26 VOB/A eine Ausschreibungsaufhebung rechtfertigen, liegt die Entscheidung

[150] vgl. [18], S. 103
[151] vgl. [29]
[152] siehe OLG Düsseldorf VergabeR 2005, 374 ff.

noch immer im Ermessen der Vergabestelle.[153] Werden aber durch eine Nicht-Aufhebung das Wettbewerbsprinzip, das Gleichbehandlungsgebot und das Diskriminierungsverbot verletzt, so ist der Auftraggeber verpflichtet die Ausschreibung aufzuheben.[154] Bezüglich § 26 Nr.1a und 1b VOB/A sei hier auf die ausführliche Darstellung in der einschlägigen Literatur verwiesen. Auf Grund des nationalen Fokus dieses Werkes sei hier mehr auf § 26 Nr. 1c eingegangen, da die Beschränkung der Aufhebung "wenn andere schwerwiegende Gründe bestehen" nur Vergaben unterhalb der EU-Schwellenwerte (siehe Kapitel 3.2.2) betrifft. Eine solche Regelung existiert bei EU-weiten Ausschreibungen nicht[155].

Im Interesse der Bieter und wegen des Umstandes, dass die Bieter auf die Ausschreibung und die spätere Vergabe vertrauen können, hat die Vergabestelle vor einer eventuellen Aufhebung diese eingehend zu prüfen.

Maßgeblich für das Vorliegen eines schwerwiegenden Grundes ist, dass die bisherige Vergabeabsicht des Auftraggebers entscheidend beeinflusst wird. Dabei können mehrere Einzelgründe, welche jeder für sich keinen Aufhebungsgrund darstellen würde, in Summe zu einem schwerwiegenden Grund führen[156].

Eine Aufhebung der Ausschreibung ist z.B. zwingend erforderlich wenn die Finanzierung für das ausgeschriebene Projekt nicht mehr gesichert ist. Das kann der Fall sein, wenn die dafür bereitgestellten Finanzmittel zurückgezogen wurden bzw. alle eingereichten Angebote wider der Kalkulation des Auftraggebers preislich so hoch liegen, dass auf keines ein Zuschlag erteilt werden kann.

Ein Recht zur Aufhebung der Ausschreibung aus diesem Grunde scheidet jedoch regelmäßig aus, wenn die fehlende Finanzierung auf Fehler des Auftraggebers bei der Ermittlung des Finanzierungsbedarfs zurückzuführen ist.

---

[153] siehe OLG Koblenz VergabeR 2004, 244 ff. und BayObLG VergabeR 2005, 349, 354

[154] siehe VK Hamburg, Beschluss vom 25.07.2002 – VgK FB 1/02

[155] siehe OLG Dresden VergabeR 2003, 45 ff.

[156] siehe OLG Düsseldorf, Urteil vom 20.01.1981 -23 U 120/80-

> Eine Aufhebung einer Ausschreibung wegen fehlender öffentlicher Mittel ist regelmäßig dann nicht nach § 26 Nr. 1b oder c VOB/A gerechtfertigt, wenn die fehlende Finanzierung bei einer mit der gebotenen Sorgfalt durchgeführten Ermittlung des Kostenbedarfs bereits vor der Ausschreibung dem Ausschreibenden hätte bekannt sein müssen.
>
> BGH, Urteil vom 05.11.2002 - X ZR 232/00

Soweit der öffentliche Auftraggeber einen Dritten mit der Ermittlung der Kosten betraut, hat er für dessen Fehler bei der Feststellung des Bedarfs nach dem Gedanken des § 278 BGB ein zustehen[157].

Grundsätzlich ist von der Vergabestelle immer eingehend zu prüfen, ob eine Möglichkeit existiert das Ausschreibungsverfahren mit einem Zuschlag zu beenden.

Handelt es sich bspw. um Fehler in der Leistungsbeschreibung ist es der zu vergebenden Stelle meist möglich die Bieter darüber in Kenntnis zu setzen. Unter der Voraussetzung, dass diese Information den Bietern frühzeitig zugeht und diese ohne größere Verzögerung des ursprünglich geplanten Vergabeverfahrens neue Preisangebote einreichen können, ist eine solche Vorgehensweise eher in Betracht zu ziehen als die Ausschreibung aufzuheben.[158]

Die Gründe der Aufhebung müssen vom Auftraggeber einwandfrei dokumentiert werden. Die Bieter sind unter Angabe der Gründe unverzüglich über die Aufhebung zu benachrichtigen. Als Grundlage für die Benachrichtigung kann das Formblatt aus Kapitel 7.7 verwendet werden.

Auf Antragstellung eines Bieters kann eine Aufhebung von Vergabekammern und -senaten überprüft werden.

Liegt kein zulässiger Aufhebungsgrund vor, können eventuell Schadensersatzansprüche gegenüber dem Auftraggeber nach den Grundsätzen des Verschuldens bei Vertragsverhandlungen gem. § 311 Abs. 2 Nr.1 BGB bestehen.

Bei Aufhebung einer Ausschreibung ohne Vorliegen eines der in § 26 VOB/A genannten Aufhebungsgründe steht dem Bieter, der bei Fortsetzung des Verfahrens und Vergabe des Auftrags den Zuschlag erhalten hätte, grundsätzlich ein Anspruch auf Ersatz der mit der Teilnahme am Verfahren verbundenen Aufwendungen zu. Ein weitergehender Anspruch auf Ersatz auch des entgangenen Gewinns setzt grundsätzlich voraus, dass der ausgeschriebene Auftrag tatsächlich erteilt worden ist.[159]

---

[157] siehe BGH, Urteil vom 08.09.1998 -X ZR 99/96-

[158] siehe OLG Düsseldorf, Beschluss vom 19.11.2003 – Verg 59/03

[159] siehe BGH, Urteil vom 08.09.1998 -X ZR 48/97-

> Wird eine Ausschreibung aufgehoben, ohne dass einer der in § 26 VOB/A genannten Gründe vorliegt, so setzt der auf Ersatz auch des entgangenen Gewinns gerichtete Schadensersatzanspruch aus culpa in contrahendo nicht nur voraus, dass dem Bieter bei Fortsetzung des Verfahrens der Zuschlag hätte erteilt werden müssen, weil er das annehmbarste Angebot abgegeben hat; er setzt vielmehr darüber hinaus auch voraus, dass der ausgeschriebene Auftrag tatsächlich erteilt worden ist.
>
> BGH, Urteil vom 16.12.2003 - X ZR 282/02

Weitere Gründe für die Aufhebung einer Ausschreibung können die Änderung der politischen, militärischen und wirtschaftlichen Verhältnisse (konkreter Fall nach der Wiedervereinigung)[160], die Unzumutbarkeit der Auftragsvergabe auf der Grundlage der bisherigen Verdingungsunterlagen[161], die Wahl der unrichtigen Vergabeart oder die Nichtbeachtung der Schwellenwertregelung sein.

---

[160] siehe OLG Zweibrücken, Urteil vom 01.02.1994 -8 U 96/93-

[161] siehe OLG Brandenburg VergabeR 2004, 69, 73

6 Ablaufschema zur nationalen Vergabe von Bauaufträgen durch öffentliche Auftraggeber

Um das Vergabeverfahren möglichst effizient abzuwickeln, ist eine Übersicht der relevanten Teilschritte hilfreich. Abbildung 6.1: Ablaufschema mit Verweisen auf Kapitel zeigt das entwickelte Ablaufschema, welches in vielerlei Hinsicht während des Vergabeprozesses genutzt werden kann und so zur Optimierung der Arbeits- und Verfahrensabläufe innerhalb der ausschreibenden Stelle beiträgt. Das Schema enthält Verweise zu den einzelnen Kapiteln, die sich mit dem jeweiligen Teilschritt auseinandersetzen.

In Kapitel 7 befinden sich Formblätter zu dem Ablaufschema, welche zu einer übersichtlichen Dokumentation im Vergabeprozess beitragen. Es existiert eine Zuständigkeitsliste, in welcher die Verantwortlichkeiten für die jeweiligen Teilprozesse schriftlich festgehalten werden können. Telefonnummern der zuständigen Sachbearbeiter können in die Tabelle in Kapitel 7.2 eingetragen werden. Zusätzlich ist eine Fristenliste vorhanden, welche zur Dokumentation des zeitlichen Rahmens der Vergabe herangezogen werden sollte. Des Weiteren hilft eine Checkliste, die erledigten bzw. noch auszuführenden Teilschritte übersichtlich darzustellen. So ist die aktuelle Situation stets schnell und einfach zu überblicken.

Die einzelnen Teilschritte des Ablaufschemas zur nationalen Vergabe einer Bauleistung durch öffentliche Auftraggeber lassen sich wie folgt schriftlich zusammenfassen:

Nach dem Beschluss zu der Ausschreibung einer Baumaßnahme gilt es zu entscheiden, ob und inwiefern für den Vergabeprozess **externe Beteiligte** herangezogen werden. Diese können gegebenenfalls die gesamten Verdingungsunterlagen für die ausschreibende Stelle anfertigen. Zu beachten ist, dass bei der Erstellung durch Externe, Zeit für eine Überprüfung der Arbeitsergebnisse hinsichtlich der eigenen Anforderungen einzuplanen ist. Der Auftraggeber sollte sich außerdem regelmäßig über getroffene Entscheidungen der Externen **informieren** lassen. Dies ist von Vorteil, da man bei Änderungswünschen unmittelbar in das Geschehen eingreifen kann.

Verzichtet man auf die Beteiligung Externer oder beteiligt man diese nur unterstützend am Vergabeprozess, so gilt es als Nächstes, den voraussichtlichen **Auftragswert** zu ermitteln. Liegt dieser unterhalb des jeweils aktuell gültigen **Schwellenwerts**, so findet eine Ausschreibung auf nationaler Ebene statt. Andernfalls ist der Auftrag europaweit auszuschreiben.

Daraufhin ist zu entscheiden, in welcher **Form** die Bauleistung ausgeschrieben wird. Zur Auswahl stehen dabei die Vergabe an einen Generalunternehmer oder eine Vergabe nach Teillosen.

Öffentliche Auftraggeber sind nach dem HGrG dazu verpflichtet, Aufträge in erster Linie öffentlich auszuschreiben. Trotzdem sollte geprüft werden, ob evtl. eine andere Vergabeart in Frage kommt für den Fall, dass eine öffentliche Ausschreibung nicht möglich ist. Diese Entscheidung ist dann im Vergabevermerk zu dokumentieren.

Sind diese Entscheidungen getroffen, so kann die **Leistungsbeschreibung** entweder mit Leistungsverzeichnis oder mit Leistungsprogramm erstellt werden.

Die Leistungsbeschreibung, zusammen mit den vertraglichen Regelungen (VOB/B, VOB/C, Zusätzliche Vertragsbedingungen, Besondere Vertragsbedingungen) und den Anlagen zur Leistungsbeschreibung ergeben die **Verdingungsunterlagen**. Zusammen mit dem **Anschreiben** sind die **Vergabeunterlagen** vollständig.

Die darauf folgenden Teilschritte bestehen aus dem **Verfassen und der Veröffentlichung der Ausschreibung**.

Die Bekanntmachung der Ausschreibung kann auf konventionellem Wege oder aber vollständig digital in Form einer elektronischen Vergabe erfolgen.

Den Bietern ist für die Bearbeitung der Angebote ein angemessener Zeitraum einzuräumen. Auf die **Submission** folgt die **Prüfung und Wertung** der eingegangenen Angebote. Im Rahmen der Auswertung, sind bereits wirtschaftliche Alternativen zu eruieren. Auf dieser Grundlage wird der Vergabevorschlag des Beschaffungsteams gefertigt und vom operativ Verantwortlichen die **Vergabeentscheidung** getroffen. Der zukünftige Auftragnehmer muss dann über den Erhalt des **Zuschlag**s informiert werden und ebenso müssen auch die Bieter **nicht berücksichtigter Angebote** informiert werden.

Die einzelnen Entscheidungen im Verlauf des Vergabeverfahrens müssen laufend in einem **Vergabevermerk** dokumentiert werden.

Zum Schluss des Vergabevermerks steht meist dann der Vergabevorschlag.

Die folgenden Formblätter stehen auch als fertige Arbeitshilfen im PDF-Format über die Internetseite des Oldenbourg-Verlags (Register Zusatzmaterial) zur Verfügung.

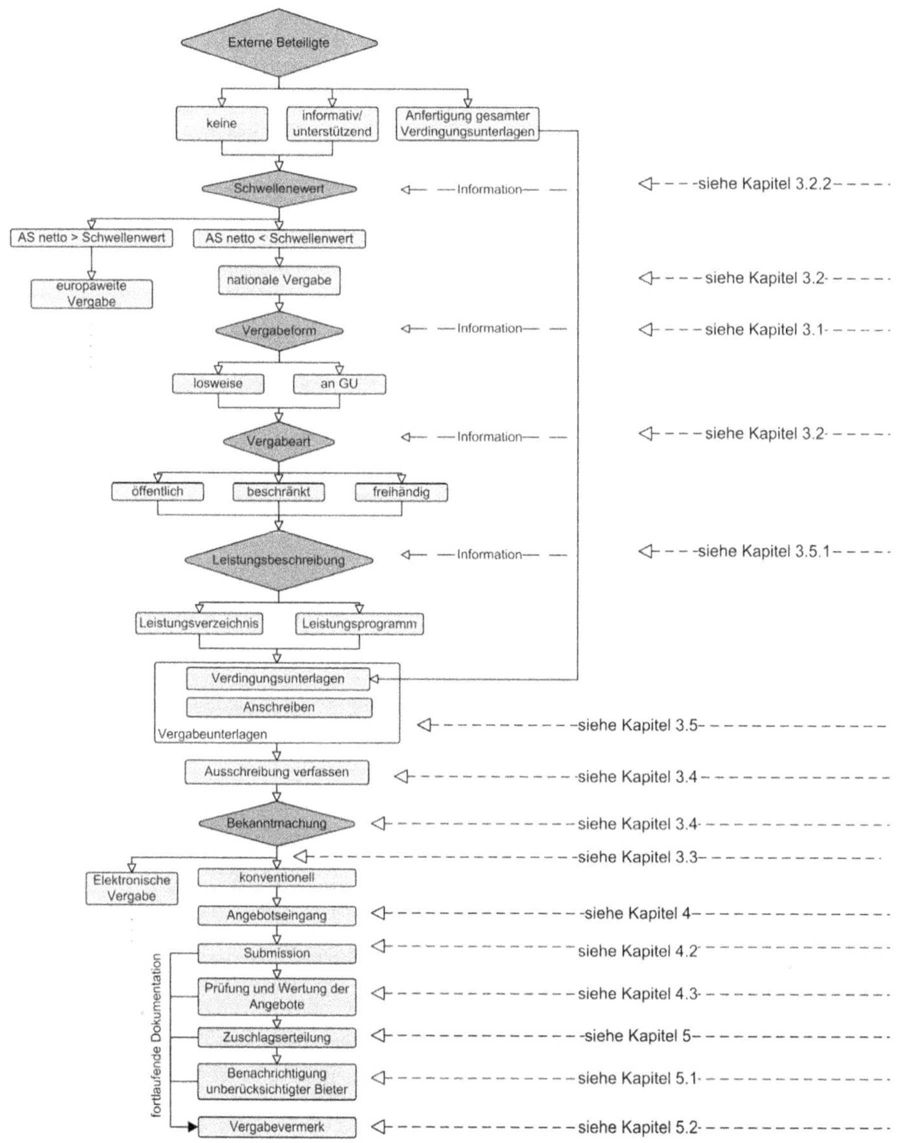

Abbildung 6.1: Ablaufschema mit Verweisen auf Kapitel

7 Musterformulare und Formatvorlagen

7.1 Formblätter – Ablaufschema

7.2 Telefonliste – Zuständigkeiten

7.3 Formblatt – Aufforderung zur Abgabe eines Angebotes

7.4 Formblatt – Bekanntmachung einer öffentlichen Ausschreibung

7.5 Formblatt – Auftragsschreiben

7.6 Formblatt – Absageschreiben

7.7 Formblatt – Aufhebung einer Ausschreibung

7.8 Formblatt – Vergabevermerk

7.9 Formblatt – Wertungsübersicht

7.10 Liste – Angeforderte Angebote bei öffentlichen Ausschreibungen

7.1 Formblätter – Ablaufschema

Übersicht - Vergabeprozess:

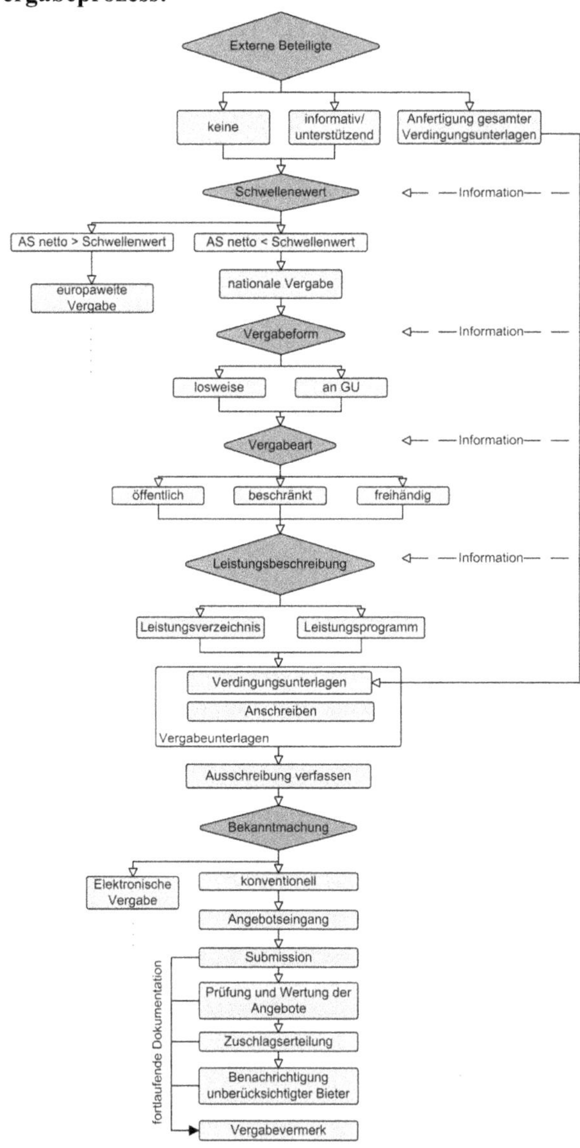

Zuständigkeiten – Vergabeprozess:

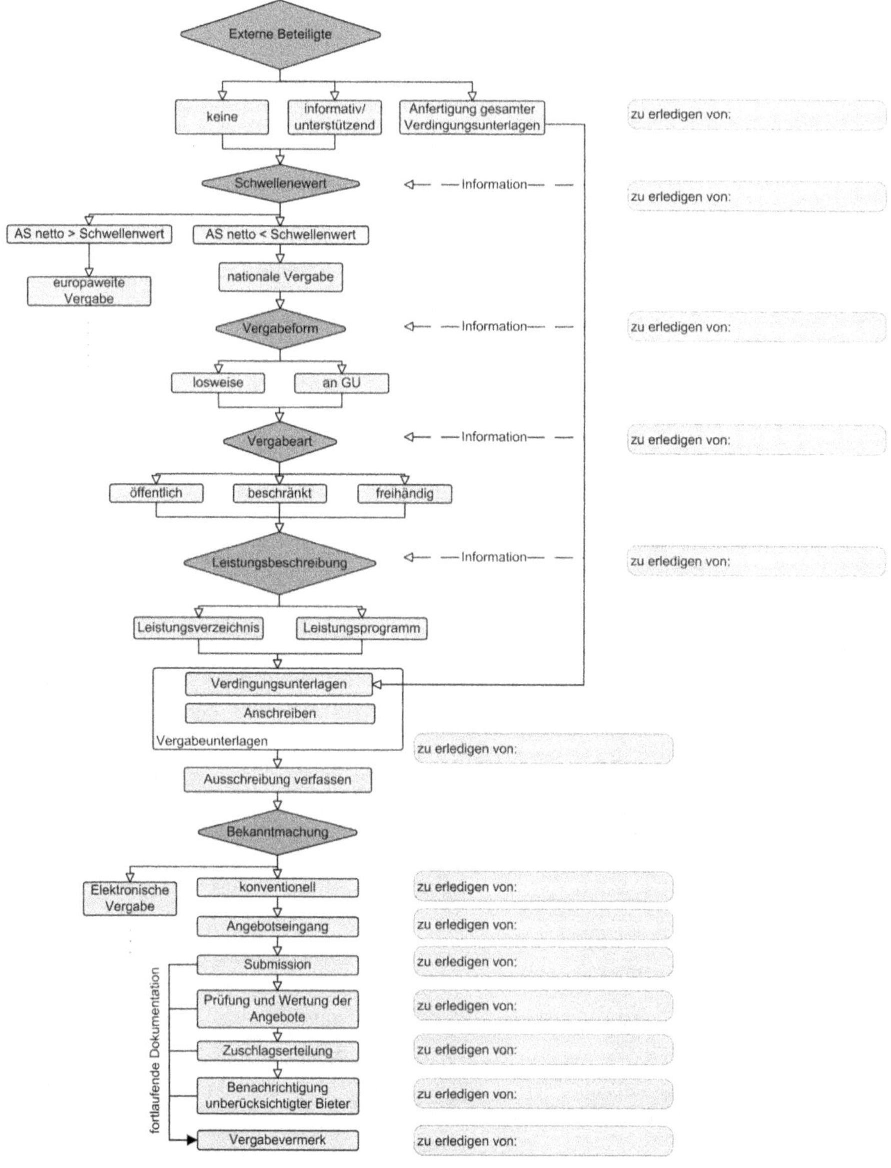

Fristenliste – Vergabeprozess:

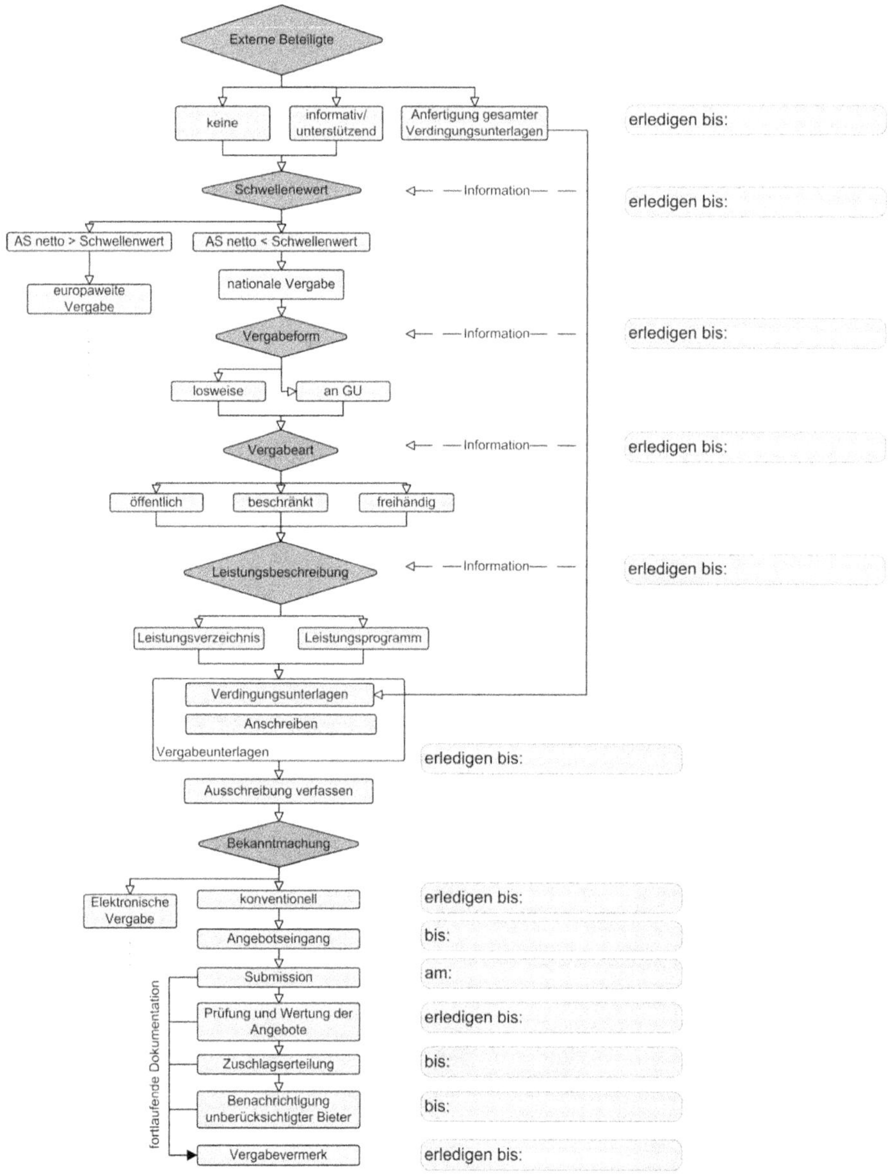

Checkliste – Vergabeprozess:

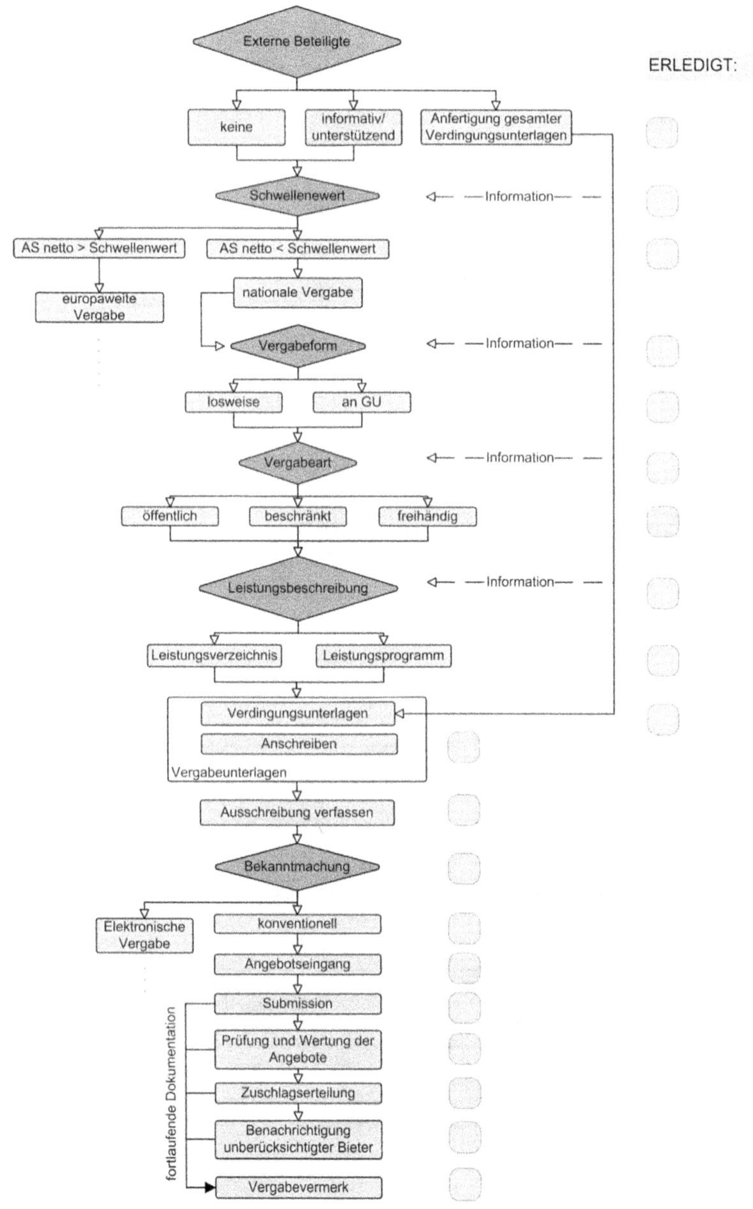

7.2 Telefonliste – Zuständigkeiten

Lfd. Nr.	Name des Sachbearbeiters	zuständig für	Telefonnummer / Zimmer

7.3 Formblatt – Aufforderung zur Abgabe eines Angebotes[162]

Standardeintragungen

Vergabestelle

Adresse für Absenderfeld:

Kontakt:

Zimmer:

Telefon:

Adresse für Absenderzeile:

Vergabenummer:

Vergabeart:

- ☐ Öffentliche Ausschreibung
- ☐ Beschränkte Ausschreibung
- ☐ Freihändige Vergabe
- ☐ Offenes Verfahren
- ☐ Nichtoffenes Verfahren
- ☐ Verhandlungsverfahren
- ☐ Wettbewerblicher Dialog

Fristen:

Zuschlagsfrist endet am:

Eröffnungs-/Einreichungstermin: Datum Uhrzeit

Ausführungsfrist: Beginn: Ende:

Baumaßnahme:

Angebotsempfänger:

162 gemäß [25]

Zum Verbleib beim Bieter bestimmt, nicht mit dem Angebot zurückgeben!

Vergabestelle

K-EVM (B) Auf
(Angebotsanforderung)

Datum der Versendung:

Vergabe-Nr.:	
Vergabeart ☐ Öffentliche Ausschreibung ☐ Beschränkte Ausschreibung ☐ Freihändige Vergabe	
Einzureichen bis (Eröffnungs-/Einreichungstermin)	
Datum:	Uhrzeit:
Ort (Anschrift wie oben)	
Zimmer:	Tel.:
Zuschlagsfrist endet am:	
Voraussichtliche Ausführungsfrist	
Beginn:	Ende:

AUFFORDERUNG ZUR ABGABE EINES ANGEBOTS

Baumaßnahme:

Angebot für

Anlagen

☒ Bewerbungsbedingungen – K-EVM (B) BwB
☒ Angebotsschreiben – K-EVM (B) Ang 2-fach
☒ Besondere Vertragsbedingungen – K-EVM (B) BVB 2-fach
☒ Zusätzliche Vertragsbedingungen – K-EVM (B) ZVB 2-fach
☒ Leistungsbeschreibung 2-fach
☐ Formblatt „Angaben zur Preisermittlung" K-EFB-Preis 1............[1] 2-fach
☐ Formblatt „Aufgliederung wichtiger Einheitspreise" K-EFB-Preis 2 2-fach
☐ Lohngleitklausel (K-EFB-LLV-LGl)
☐ Verzeichnis der Nachunternehmerleistungen – K-EFB NU (K-EVM (B) 5.1 Ang)
☐ Verzeichnis der Nachunternehmerleistungen – K-EFB NU (K-EVM (B) 5.2 Ang)
☐ ....
☐ ....
☐ ....

.... Pläne/Zeichnungen Nr.: ....

1 Es ist beabsichtigt, die in beiliegender Leistungsbeschreibung bezeichneten Leistungen zu vergeben im Namen und für Rechnung

....

2 Auskünfte werden erteilt, nicht beigefügte Verdingungsunterlagen können eingesehen werden bei/beim

Ort/Zimmer: .... Tel.: ....

☐ werktags (außer Samstag) in der Zeit von .... bis ....

☐ .... von .... bis ....

Telefax: .... E-Mail: ....

Nicht beigefügte Verdingungsunterlagen:

[1] Zutreffendes eintragen)

3 **Vorlage von Nachweisen**

☐ Mit dem Angebot sind vorzulegen ☐ Auf Verlangen der Vergabestelle sind vorzulegen

☐ Auskunft aus dem Gewerbezentralregister (§ 150 a Gewerbeordung) nach § 21 Abs. 1 des Gesetzes zur Intensivierung der Bekämpfung der Schwarzarbeit und damit zusammenhängender Steuerhinterziehung vom 23.07.2004 (BGBl. S. 1842 ff).

Der Auszug *(Original oder Kopie)* darf nicht älter als drei Monate sein. Ausländische Bieter haben eine gleichwertige Bescheinigung ihres Herkunftslandes vorzulegen.

☐ Bescheinigung in Steuersachen

☐ folgende sonstige Unterlagen:

4.1 Die Erteilung des Auftrages kann von folgenden Nachweisen abhängig gemacht werden:

☐ Unterlagen nach § 8 Nr. 3 Abs. 1 VOB/A

☐ Folgende sonstige Unterlagen:

4.2 Präqualifizierte Unternehmen können anstelle der Nachweise nach 3 und der Unterlagen nach § 8 Nr. 3 Abs. 1 VOB/A im Angebotsschreiben unter Nr. 4.4 die Nummer angeben, unter der sie in der Liste des Vereins für die Präqualifikation von Bauunternehmen (Präqualifikationsverzeichnis) eingetragen sind.

5 Es gelten die beigefügten Bewerbungsbedingungen.

5.1 Die Vergabe nach Losen wird vorbehalten:

☐ nein

☐ ja, Angebote können abgegeben werden für

☐ ein Los ☐ mehrere Lose ☐ alle Lose

(Näheres siehe Leistungsbeschreibung)

5.2 ☐ Nebenangebote sind zugelassen, zusätzlich zu Nr. 4.3 der Bewerbungsbedingungen gilt Folgendes:

☐ Nebenangebote sind nicht zugelassen; Nr. 4.3 der Bewerbungsbedingungen gilt nicht.

6 Für Ihre Angebotsabgabe ist das beiliegende Angebotsschreiben zu unterzeichnen und zusammen mit den Anlagen in verschlossenem Umschlag bis zum Eröffnungs-/Einreichungstermin an die Vergabestelle einzusenden oder dort abzugeben. Der Umschlag ist mit anliegendem Kennzettel sowie mit Ihrem Namen (Firma), Ihrer Anschrift und der Angabe der vorgegebenen Kennzeichnung zu versehen.

7 Bedarfspositionen werden grundsätzlich gewertet.

8 ☐ Allg. Fach-/Rechtsaufsicht (Nachprüfungsstelle nach § 31 VOB/A)

Zur Überprüfung der Zuordnung zum 20 % Kontingent für nicht EG-weite Vergabeverfahren (§ 2 Nr. 7 VgV)

☐ Vergabekammer (§ 104 GWB)

9 ☐ Digitale Angebote sind zugelassen

10

7.4 Formblatt – Bekanntmachung einer öffentlichen Ausschreibung[163]

K-EFB-BekÖ
(Bekanntmachung Öffentl. Ausschreibung)

Bauaufträge - Öffentliche Ausschreibung
Bekanntmachung Staatsanzeiger

Vergabenummer ....

a) Öffentlicher Auftraggeber (Vergabestelle)

Name ....

Straße ....

PLZ, Ort ....

Telefon .... Fax ....

E-Mail .... Internet ....

b) Vergabeverfahren **Öffentliche Ausschreibung, VOB/A**

Vergabenummer ....

c) Art des Auftrags

☐ Ausführung von Bauleistungen

☐ Planung u. Ausführung von Bauleistungen

☐ Bauleistungen durch Dritte

d) Ort der Ausführung

....

e) Art und Umfang, allgemeine Merkmale

allgemeine Merkmale der baulichen Anlage

....

Art der Leistung

....

Umfang der Leistung

163 gemäß [25]

f) Aufteilung in Lose ☐ nein

Ja, Angebote können abgegeben werden für ☐ ein Los, ☐ mehrere Lose, ☐ alle Lose.

g) Erbringen von Planungsleistungen ☐ nein ☐ ja

Zweck der baulichen Anlage ....

Zweck der Bauleistung ....

h) Ausführungsfrist

Monate ....

Kalendertage ....

Beginn der Ausführungsfrist ....

Ende der Ausführungsfrist ....

i) Anforderung der Vergabeunterlagen

....

....

....

j) Entgelt für die Vergabeunterlagen

Höhe des Entgeltes .... **€**

Zahlungsweise **Banküberweisung**

Empfänger ....

Kontonummer ....

BLZ, Geldinstitut ....

Verwendungszweck ....

Fehlt der Verwendungszweck auf Ihrer Überweisung, so ist die Zahlung nicht zuordenbar und Sie erhalten keine Unterlagen.

IBAN ....

BIC-Code ....

Die Vergabeunterlagen können nur versendet werden, wenn
- auf der Überweisung der Verwendungszweck angegeben wurde,
- gleichzeitig mit der Überweisung die Vergabeunterlagen per Brief oder E-Mail (unter Angabe Ihrer vollständigen Firmenadresse) bei der in Abschnitt i) genannten Stelle angefordert wurden,
- das Entgelt auf dem Konto des Empfängers eingegangen ist.

Das eingezahlte Entgelt wird nicht erstattet.

Bei Anforderung der Vergabeunterlagen über eine elektronische Vergabeplattform wird kein Entgelt erhoben.

o) Angebotseröffnung **am** .... **um** .... **Uhr**

Ort

....

....

....

t) Ablauf der Zuschlags- und Bindefrist ....

v) Sonstige Angaben:

Auskünfte zum Verfahren und zum technischen Inhalt erteilt

....

....

....

Nachprüfung behaupteter Verstöße

Nachprüfungsstelle (§ 31 VOB/A)

....

Vergabekammer (§ 104 GWB)

....

7.5 Formblatt – Auftragsschreiben[164]

Vergabestelle

K-EVM (B/L) Atr
(Auftragsschreiben)

Az.:

Vergabe-Nr.   Datum:
Ansprechpartner/-in; Tel.

AUFTRAG

Baumaßnahme

Angebot für

Angebotsdatum

Anlagen

Zweitfertigung dieses Auftragsschreibens

______ Pläne/Zeichnungen Nr.: ______

Auf Grund Ihres Angebots erhalten Sie den Auftrag zur Ausführung der oben bezeichneten Leistungen im Namen und für Rechnung*)

Auftragssumme	€

Die Vergütung erfolgt nach § 2 VOB/B und damit nach den vereinbarten (Einheits-)Preisen.

Fristen: Gemäß Nr. 3 der K-EVM (B) BVB werden die Fristen datumsmäßig festgelegt:
(Sind keine Daten eingetragen, gelten die K-EVM (B) BVB Nrn. 3.1 bis 3.4 bzw. Nr. 3 K-EVM (L) BVB.)

Beginn der Arbeiten ______ am ______

Fertigstellung der ______ -Arbeiten am ______

Ende der Einzelfristen ______ -Arbeiten am ______

______ -Arbeiten am ______

*) Vertretungsformel gem. VHB eintragen

[164] gemäß [25]

Objekt-/Bauüberwachung (§ 4 Nr. 1 VOB/B) **sowie ggf. Sicherheitskoordination (Baustellenverordnung)**
Anordnungen dürfen nur von dem Auftraggeber bzw. dem vom Auftraggeber Beauftragten getroffen werden.
Die Objekt-/Bauüberwachung obliegt:

....

Die Sicherheitskoordination obliegt:

....

Erläuterungen:

Hinweis: Erläuterungen sind zu nummerieren; werden keine Erläuterungen gegeben, ist zu schreiben: „Keine". Der Rest der Seite ist so zu sperren, dass keine Eintragungen mehr vorgenommen werden können.

Im Auftrag

....

(Unterschrift/en) des Auftraggebers

Sie werden gebeten, die Zweitausfertigung dieses Auftragsschreibens als Empfangsbestätigung unverzüglich unterschrieben zurückzugeben.

Empfangsbestätigung

Ich/Wir bestätige(n) den Empfang Ihres vorstehenden Auftragsschreibens.
Zur Entgegennahme von Anordnungen wird als bevollmächtigter Vertreter bestellt:

☐ ....

Ein Wechsel in der Vertretung wird dem Auftraggeber unverzüglich mitgeteilt.

☐ ....

Ansprechpartner(in) für den Sicherheitskoordinator

....

Ort, Datum und Unterschrift

7.6 Formblatt – Absageschreiben[165]

Vergabestelle

K-EFB (B/Z) Abs 1
(Absageschreiben)

Vergabe-Nr.:	Datum:

Baumaßnahme:

Angebot für:

Eröffnungs-/Einreichungstermin

....

Sehr geehrte Damen und Herren,

auf Ihr vorbezeichnetes Angebot konnte leider kein Zuschlag erteilt werden, weil

- ☐ es ausgeschlossen werden musste (§ 25 Nr. 1 VOB/A).
- ☐ begründete Zweifel an Ihrer Eignung bestehen (§ 25 Nr. 2 VOB/A).
- ☐ es nicht in die engere Wahl kommt (§ 25 Nr. 3 Abs. 3 Satz 1 VOB/A).
- ☐ es nicht das wirtschaftlichste Angebot ist (§ 25 Nr. 3 Abs. 3 Satz 2 VOB/A).

Ich danke Ihnen für Ihre Beteiligung am Wettbewerb.

Mit freundlichen Grüßen
Im Auftrag

....

165 gemäß [25]

Vergabestelle

K-EFB (B/Z) Abs 2
(Absageschreiben)

Vergabe-Nr.:	Datum:

Baumaßnahme:

Angebot für: Angebotsdatum:

Anlagen:

.... Pläne/Zeichnungen ....

....

Sehr geehrte Damen und Herren,

auf Ihre Anfrage vom .... teile ich Ihnen folgendes mit:

1. Formale Prüfung

☐ **Ihr Angebot wurde ausgeschlossen gemäß § 25 Nr. 1 VOB/A, weil**

- ☐ es im Eröffnungstermin dem Verhandlungsleiter bei Öffnung des ersten Angebots nicht vorgelegen hat
- ☐ es Preise bzw. geforderte Erklärungen nicht enthält
- ☐ es nicht den Bewerbungsbedingungen gemäß im Angebotsschreiben unterschrieben ist
- ☐ von Ihnen vorgenommene Änderungen an Ihren Eintragungen nicht eindeutig sind
- ☐ es unzulässige Änderungen an den Verdingungsunterlagen enthält
- ☐ es nicht vollständig ist
- ☐ ein Ausschlussgrund nach § 8 Nr. 5 VOB/A vorliegt
- ☐ es nicht alle in den Verdingungsunterlagen gestellten Bedingungen erfüllt

Erläuterung:

☐ **Ihr Nebenangebot wurde ausgeschlossen, weil**

- ☐ gemäß Aufforderung zur Angebotsabgabe Nebenangebote nicht zugelassen sind, § 25 Nr. 5 VOB/A
- ☐ es nach § 25 Nr. 1 VOB/A den formalen Anforderungen an Nebenangebote nicht genügt
- ☐ es nach § 25 Nr. 1 VOB/A im Vergleich zur Leistungsbeschreibung qualitativ und/oder quantitativ nicht gleichwertig ist.

2. Eignung des Bieters

☐ **Ihr Angebot kann gemäß § 25 Nr. 2 VOB/A nicht berücksichtigt werden, weil**

begründete Zweifel an Ihrer Eignung bestehen im Hinblick auf

☐ Fachkunde ☐ Leistungsfähigkeit ☐ Zuverlässigkeit

Erläuterung:

3. Beurteilung des Angebotsinhaltes, engere Wahl

☐ Ihr Angebot kommt nach § 25 Nr. 3 VOB/A nicht in die engere Wahl, weil

- ☐ begründete, nicht ausgeräumte Zweifel bestehen bezüglich eines
  - ☐ unangemessen hohen Preis
  - ☐ unangemessen niedrigen Preis
- ☐ das Verhältnis zwischen Preis und Leistung unangemessen ist

Erläuterung:

4. Wirtschaftliches Angebot

☐ **Auf Ihr Angebot kann gemäß § 25 Nr. 3 Abs. 3 Satz 2 VOB/A der Zuschlag nicht erteilt werden, weil**

Sie nicht das wirtschaftlichste Angebot abgegeben haben.

Grund:

- ☐ Es liegt ein niedrigeres Hauptangebot vor
- ☐ Ihr Hauptangebot war nicht das wirtschaftlichste.

Erläuterung:

- ☐ Es liegt ein wirtschaftlicheres Nebenangebot vor.

- ☐ Folgende Nebenangebote kamen aufgrund der Wertung für den Zuschlag nicht in Betracht:

K-EFB III 302

5. Aufklärung des Angebotsinhalts

☐ Ihr Angebot kann gemäß § 24 Nr. 2 VOB/A nicht berücksichtigt werden, weil Sie die geforderten Aufklärungen und Angaben verweigert haben.

Bezug:

Auftragnehmer ist die Firma:

Mit freundlichen Grüßen
Im Auftrag

....

Vergabestelle

K-EFB (B/Z) Abs 3
(Absageschreiben)

Vergabe-Nr.:	Datum:

Baumaßnahme:

Leistung

Ihre Anfrage gem. § 27 Nr. 2 VOB/A vom ....
Ihre Bewerbung vom ....

Vergabeverfahren

- ☐ Beschränkte Ausschreibung nach Öffentl. Teilnahmewettbewerb
- ☐ Nichtoffenes Verfahren
- ☐ Verhandlungsverfahren nach Vergabebekanntmachung

Anlagen:

....

Sehr geehrte Damen und Herren,

Ihre Bewerbung wurde nicht berücksichtigt, weil

- ☐ die geforderten Nachweise nicht vorliegen
- ☐ die Eignung für die zu vergebende Leistung nicht nachgewiesen wurde
- ☐ wegen der Vielzahl der Teilnahmeanträge nicht alle Bewerber zur Angebotsabgabe aufgefordert werden.
- ☐ sie zu spät eingegangen ist

Diese Mitteilung ist abschließend.

Mit freundlichen Grüßen
Im Auftrag

....

7.7 Formblatt – Aufhebung einer Ausschreibung[166]

Vergabestelle

K-EFB (B/Z) Aufh
(Aufhebung)

Vergabe-Nr.:	Datum:

Baumaßnahme:

Leistung:

Verfahrensart:

Bekanntmachung vom .... im ....

Sehr geehrte Damen und Herren,

das in der o.g. Bekanntmachung veröffentlichte Vergabeverfahren ist

☐ aufgehoben worden

☐ eingestellt worden

aufgrund

☐ § 26 Nr. 1a VOB/A ☐ § 26 Nr. 1b VOB/A ☐ § 26 Nr. 1c VOB/A

Schwerwiegende Gründe nach § 26 Nr. 1c VOB/A sind:

☐ nach § 122 GWB beendet worden.

Folgendes weitere Vorgehen ist beabsichtigt:

☐ Es wird ein

☐ Offenes Verfahren ☐ Öffentliche Ausschreibung

☐ Nichtoffenes Verfahren ☐ Beschränkte Ausschreibung

☐ Verhandlungsverfahren ☐ Freihändige Vergabe

☐ nach Öffentlicher Vergabebekanntmachung

☐ ohne Öffentliche Vergabebekanntmachung

durchgeführt.

☐ Es ist nicht beabsichtigt, ein neues Vergabeverfahren durchzuführen.
Diese Mitteilung ist abschließend.

Mit freundlichen Grüßen
Im Auftrag

....

166 gemäß [25]

7.8 Formblatt – Vergabevermerk[167]

K-EFB-Verg 1

Vergabevermerk – Allgemeine Angaben	**K-EFB-Verg**
	Vergabenummer:
Gliederungsziffer:	Tel.Nr. (Fachamt):
Projektleiter:	Datum:
	AVA-Nummer:

Gewerk:

Baumaßnahme:

Vergabe	☐ VOB/A Abschnitt 1 (DE)	☐ VOB/A Abschnitt 2 (EU)
	☐ Ausführung von Bauleistungen	☐ Erstellung einer baulichen Anlage
	☐ Planung und Ausführung Bauleistungen	☐ Planung und Erstellung einer baulichen Anlage
	☐ Bauleistungen durch Dritte	☐ Bauleistungen durch Dritte
	☐ Öffentliche Ausschreibung	☐ Offenes Verfahren
	☐ Beschränkte Ausschreibung mit öffentl. Teilnahmewettbewerb	☐ Nichtoffenes Verfahren
	☐ Beschränkte Ausschreibung	☐ Verhandlungsverfahren mit Vergabebekanntmachung
	☐ Freihändige Vergabe / Einzelangebot	☐ Verhandlungsverfahren ohne Vergabebekanntmachung
	Zahl der Lose: ____________	

Aufteilung in Lose:	☐ Ja	☐ Nein
Angebote können abgegeben werden für:		
☐ ein Los	☐ mehrere Lose	☐ alle Lose

Begründung zur Wahl der Vergabeart (bei Abweichungen von Richtlinien/Regelungen) und Anbietung in Losen:

Vergabeunterlagen	☐ BVB	☐ ZVB	☐ BWB	☐ **Sonstige**

Gleitklausel	Sicherheiten	Betrag	v.H.
☐ Lohngleitklausel	☐ K-EFB-Sich1		
☐ Stoffpreisklausel	☐ K-EFB-Sich2		
	☐ K-EFB-Sich3		

Ausführungsfristen	Beginn der Ausführung:		Voraussichtliche Fertigstellung:	
Gesamte Leistung	Datum		Datum	

Einzelfristen ☐ Ja, gem. gesonderter Aufstellung in K-EFB-Verg1a ☐ Keine

Vertragsstrafe	Nebenangebote und Änderungsvorschläge
je Werktag Betrag: .... ; v. H.	☐ zugelassen ☐ nicht zugelassen

Für Teil I des Vergabevermerks Blatt 1 bis

Sachbearbeiter	☐ genehmigt
Gliederungsziffer	Vorgesetzter ....

167 gemäß [25]

K-EFB-Verg 1a

Vergabevermerk – Einzelfristen	**Blatt 1a**
	Vergabenummer:

Gewerk:
Baumaßnahme:

Einzelfristen	Beginn der Ausführung:		**Voraussichtliche Fertigstellung:**	
	Datum		Datum	
	Datum		Datum	
	Datum		Datum	
	Datum		Datum	
	Datum		Datum	
	Datum		Datum	
	Datum		Datum	
	Datum		Datum	
	Datum		Datum	
	Datum		Datum	
	Datum		Datum	
	Datum		Datum	
	Datum		Datum	
	Datum		Datum	
	Datum		Datum	
	Datum		Datum	
	Datum		Datum	
	Datum		Datum	
	Datum		Datum	
	Datum		Datum	
	Datum		Datum	
	Datum		Datum	
	Datum		Datum	
	Datum		Datum	

K-EFB-Verg 2

Vergabevermerk – Haushalt, Kosten, Ausschüsse, Rechnungsprüfungsamt			**Blatt 2**
Gewerk:			
Baumaßnahme: Summe Kostenvoranschlag/-schätzung:			Euro
Kostenvoranschlag/-schätzung vom:			
verfügbare Mittel/VE			Euro
Haushaltsstellen / Konten			
Mittel stehen bereit	☐ freigegeben ☐ nicht freigegeben	i.H.v.	

Beschluss im: ☐ Rat	☐ Bezirksvertretung	☐
Beschluss: vom: TOP:	vom: TOP:	vom: TOP:

Eingang Rechnungsprüfungsamt:	Datum:		Eingang-Nr:	
	Datum:		Eingang-Nr:	
☐ Kostenermittlung durch RPA geprüft	Datum:		RPA-Nr:	
	☐ zugestimmt ☐ zugestimmt unter Auflagen (siehe Begründung) ☐ nicht zugestimmt (siehe Begründung)			
Begründung:				

K-EFB-Verg 3

Vergabevermerk – Eignungsnachweise, Auftragskriterien	**Blatt 3**
Gewerk:	
Baumaßnahme:	

Geforderte Eignungsnachweise:

Nachweis der Fachkunde, Leistungsfähigkeit und Zuverlässigkeit

- ☐ Umsatz in den letzten drei abgeschlossenen Geschäftsjahren
- ☐ Ausgeführte Leistungen in den letzten drei abgeschlossenen Geschäftsjahren
- ☐ Jahresdurchschnittlich Beschäftigte in den letzten drei abgeschlossenen Geschäftsjahren
- ☐ Für die Leistung zur Verfügung stehende technische Ausrüstung
- ☐ Für die Leistung und Aufsicht vorgesehenes Personal
- ☐ Eintragung in Handwerksrolle, Berufsregister oder Register der Industrie- und Handelskammer

Bescheinigung

- ☐ Der Bieter hat eine Bescheinigung der Berufsgenossenschaft vorzulegen, Bieter die ihren Sitz nicht in der Bundesrepublik Deutschland haben, haben eine Bescheinigung des für sie zuständigen Versicherungsträgers vorzulegen
- ☐ Auszug aus dem Gewerbezentralregister nach § 5 Abs. 1 des Gesetzes zur Bekämpfung der Schwarzarbeit
- ☐ Bescheinigung in Steuersachen

Zusätzliche Nachweise

Kriterien für die Auftragserteilung:

Allgemeine Kriterien

☐ Preis	☐ Fristen	☐ Vergütungsbedingungen

Technische und wirtschaftliche Kriterien

☐ Qualität	☐ Wirtschaftlichkeit	
☐ Gestaltung	☐ Konstruktion	☐ Funktionalität
☐ Betriebskosten	☐ Wartung	☐ Technische Beratung
☐ Sonstige:		

....

Begründung bei sonstigen Kriterien:

....

Zustimmung des RPA zu den sonstigen Kriterien ☐ **Ja** ☐ **Nein**

K-EFB-Verg 4

Vergabevermerk – Vergabetermine	**Blatt 4**
Gewerk:	
Baumaßnahme:	

Vorinformationsverfahren (EU):	Tag der Absendung der Bekanntmachung Tag der Veröffentlichung	

Öffentliche Bekanntmachung:	Tag der Absendung der Bekanntmachung Tag der Veröffentlichung im Amtsblatt-EU / Bundesausschreibungsblatt	

Ablauf der Frist für die Anforderung der Verdingungsunterlagen: (Öffentliche Ausschreibung, Offenes Verfahren)	

Bewerbungsfrist (Teilnahmewettbewerb): Kalendertage bis	
☐ Verkürzt wegen (Begründung):	

Versand der Vergabeunterlagen (Öffentliche Ausschreibung, Offenes Verfahren): Versand der Vergabeunterlagen (übrige Verfahren):	vgl. Firmenliste

Angebotsfrist: Kalendertage ☐ Verkürzt wegen (Begründung): Eröffnungs-/Einreichungstermin: ☐ Fristverlängerung (§ 18a Nr. 4 VOB/A z.B. bei Einsichtnahme)	

Neuer Eröffnungs-/Einreichungstermin (alle Verfahren): Erforderlich wegen: ☐ späterem Versand der Unterlagen um .... Kalendertage (auch bei fehlenden und zusätzlichen Unterlagen) ☐ Auskünfte über Verdingungsunterlagen .... Kalendertage (K-EFB-Firm3) ☐ Aufhebung/ Einstellung (K-EFB-Verg8)	

☐ Ablauf der Bindefrist / Zuschlagsfrist ☐ Ablauf der Bindefrist / Zuschlagsfrist bei Verlängerung ☐ Spätester Beginn der Informationsfrist gemäß § 13 VgV (EU-Verfahren) (K-EFB-Verg7)	

K-EFB-Verg 5

Vergabevermerk – Vergabevorschlag				**Blatt 5**
Gewerk:				
Baumaßnahme:				
Vergabevorschlag Los .... Vergabenummer .... Auf ☐ das Hauptangebot ☐ das Nebenangebot/den Änderungsvorschlag vom: .... **Firma:**				
Bindefrist bis		verlängert bis		
soll der Zuschlag erteilt werden, weil es das wirtschaftlichste Angebot war. Weitere Erläuterungen:				
☐ Aufgrund der vorliegenden Nachweise wird die Eignung des Bieters bestätigt ☐ Der Bieter ist bevorzugter Bewerber: ☐ Behindertenwerkstatt ☐ Blindenwerkstatt ☐				

Auftragssumme:

Vorgesetzter:	Sachbearbeiter:

K-EFB-Verg 6

Vergabevermerk – Vergabevorschlag Fachamt/Vergabeprüfung Rechnungsprüfungsamt				**Blatt 6**
Gewerk:				
Baumaßnahme:				
dem Vergabevorschlag wird		☐ gefolgt ☐ nicht gefolgt		
Vergabevorschlag Los .... Vergabenummer .... Auf ☐ das Hauptangebot ☐ das Nebenangebot/den Änderungsvorschlag vom: .... **Firma:**				
Bindefrist bis	verlängert bis			
soll der Zuschlag erteilt werden, weil es das wirtschaftlichste Angebot war eingehende nachvollziehbare Begründung:				

Auftragssumme:

Vorgesetzter:	Sachbearbeiter:

Vergabeprüfung Rechnungsprüfungsamt	RPA-Nr:
dem Vergabevorschlag wird:	☐ zugestimmt ☐ zugestimmt unter Auflagen (siehe Begründung) ☐ nicht zugestimmt (siehe Begründung)

Begründung:

RPA – Auskunft erteilt:		☎

K-EFB-Verg 7

Vergabevermerk – Vergabenentscheidung	**Blatt 7**
Gewerk:	
Baumaßnahme:	

Vergabeentscheidung für Los .... Vergabenummer ....
Auf ☐ das Hauptangebot ☐ das Nebenangebot/den Änderungsvorschlag vom:
Firma:

hat der Vergabeausschuss der Auftragserteilung	☐ zugestimmt ☐ nicht zugestimmt	Sitzung vom:	TOP: ....
hat der Werksausschuss der Auftragserteilung	☐ zugestimmt ☐ nicht zugestimmt	Sitzung vom:	TOP: ....
................................hat der Auftragserteilung	☐ zugestimmt ☐ nicht zugestimmt	Sitzung vom:	TOP: ....

☐ Gegen die Beauftragung gemäß Vergabevorschlag bestehen keine Bedenken

Auftragssumme	
Gesamtsumme	

Ablauf der Bindefrist		am
☐ Information gemäß § 13 VgV erforderlich:	Tag der Absendung:	am
frühester Termin der Auftragserteilung gem. § 27a VOB/A		am

Auftrag erteilt:	durch	am

K-EFB-Verg 8

Vergabevermerk -Aufhebung/ Einstellung	**Blatt 8**
Gewerk:	
Baumaßnahme:	

☐ Die Aufhebung der Ausschreibung wird von

☐ Die Aufhebung der Ausschreibung wird vom RPA

empfohlen wegen

☐ Die Aufhebung der Ausschreibung wird vom Fachamt vorgeschlagen

Stellungnahme des Fachamtes mit eingehender Begründung (bei Empfehlung und Vorschlag):

☐ ein neuer Wettbewerb findet statt

☐ ein neuer Wettbewerb findet **nicht** statt

Vorgesetzter:	Sachbearbeiter:

Aufhebungsentscheidung

☐ Die Ausschreibung ist aufzuheben aufgrund

- ☐ § 26 Nr. 1a VOB/A
- ☐ § 26 Nr. 1b VOB/A
- ☐ § 26 Nr. 1c VOB/A (schwerwiegende Gründe)

☐ Die Ausschreibung ist nach § 122 GWB beendet worden.

☐ Die Freihändige Vergabe ist einzustellen.

☐ Das Verhandlungsverfahren ist einzustellen.

Begründung:

Vorgesetzter:	Sachbearbeiter:

7.9 Formblatt – Wertungsübersicht[168]

K-EFB-Firm 4

Vergabevermerk – Wertungsübersicht	Los:	**Blatt:**
Gewerk:		
Baumaßnahme:		

Ange-bot Nr.	Wertungssumme		Nichtber. wegen unangemessen		ausschlaggebend für Vorschlag zur			
					Nichtberücksichtigung		Auftragserteilung	
	Hauptangebot	Nebenangebot	hohem Preis	niedrigem Preis	Preis	andere Kriterien	Preis	andere Kriterien
1	2	3	4	5	6	7	8	9

168 gemäß [25]

7.10 Liste – Angeforderte Angebote bei öffentlichen Ausschreibungen

Gewerk: ____________________

Lfd Nr.	**Name & Ort des Unternehmers**	**Einz.-Beleg?**	**Scheck?**	**Post-vers.?**	**abge-holt?**	**Datum**	**Unter-schrift**

8 Aufgaben zum Selbststudium

Kapitel 2: Grundlagen des Vergabe- und Vertragsrechts

Fragen

1. Die allgemeine gesetzliche Grundlage der Verträge zur Errichtung von Bauwerken zwischen dem Auftraggeber auf der einen, und dem Auftragnehmer auf der anderen Seite beruht auf welchem Gesetzbuch?

2. Die Wichtigsten Begriffe in diesem Zusammenhang sind nach § 242 BGB welche?

3. Ein Rechtsgeschäft, welches gegen die guten Sitten verstößt, ist gemäß welchem Paragrafen des BGB nichtig?

4. Wie wird die Vertragsordnung für die Vergabe und Durchführung von Bauleistungen genannt, welche den speziellen Bedürfnissen des Bauwesens gerecht wird?

5. Die Vergabe- und Vertragsordnung für Bauleistungen untergliedert sich in welche drei Teile? Benennen sie diese inkl. evtl. Normen!

6. Was regeln die verschiedenen Teile der VOB?

7. Das Gesetz gegen Wettbewerbsbeschränkungen (GWB) legt die Grundsätze eines transparenten Vergabeverfahrens fest. Benennen sie diese!

8. Wo wird die Vorschrift zur Anwendung der einzelnen Teile der VOB Konkretisiert?

9. Was wird unter dem Begriff *Bauvertrag* verstanden?

10. Der Bauvertrag entspricht mehrheitlich immer welchem Vertragstyp gem. BGB?
11. Welche Vereinbarungen kann ein Bauvertrag enthalten. Gliedern Sie dieses in der Reihenfolge ihrer Wertigkeit.
12. Was ist in den Zusätzlichen Vertragsbedingungen formuliert?
13. Was ist in den Besonderen Vertragsbedingungen formuliert?
14. Was ist in den Zusätzlichen Technischen Vertragsbedingungen formuliert?
15. Welche Vertragsarten kennt die VOB?

Antworten

1. Das Bürgerliche Gesetzbuch (BGB)
2. „Gute Sitten" und „Treu und Glauben mit Rücksicht auf die Verkehrssitte" (vgl. § 242 BGB)
3. § 138 BGB
4. VOB - Vergabe- und Vertragsordnung für Bauleistungen
5. VOB Teil A: Allgemeine Bestimmungen für die Vergabe von Bauleistungen, DIN 1960; VOB Teil B: Allgemeine Vertragsbedingungen für die Ausführung von Bauleistungen, DIN 1961; VOB Teil C: Allgemeine Technische Vertragsbedingungen für Bauleistungen (ATV).
6. Teil A der VOB regelt die nationale und internationale Vergabe von Bauleistungen durch öffentliche Bauträger. Teil B der VOB tritt an die Stelle der einschlägigen Bestimmungen des BGB über den Werkvertrag. Im Teil C der VOB wird detailliert veranschaulicht, wie die Beschreibung der Leistung zu erfolgen hat, bzw. was unter einer vorgegebenen Leistung zu verstehen ist.

7. Die Gleichbehandlung aller Wettbewerber, eine Aufteilung in Fach- und Teillose um mittelständische Interessen zu berücksichtigen, die Vergabe an fachkundige, leistungsfähige und zuverlässige Unternehmen sowie die Erteilung des Zuschlags auf das wirtschaftlichste Angebot und der Anspruch auf Einhaltung der Bestimmungen des Vergabeverfahrens durch den Auftragnehmer.

8. In der Bundeshaushaltsordnung (BHO) und den jeweiligen Ordnungen der Bundesländer (Landeshaushaltsordnung – LHO) sowie in der Gemeindehaushaltsverordnung (GemHVO). Ergänzend sind die Erlasse der Bundes- und Länderministerien zu berücksichtigen.

9. Unter dem Bauvertrag wird der privatrechtliche Vertrag verstanden, der zwischen einem Bauherrn und einem Bauunternehmen zur Erstellung eines gesamten Bauwerks oder eines Gewerks abgeschlossen wird.

10. Einem Werkvertrag gemäß §§ 631 ff. BGB.

11. Der Bauvertrag selbst, in den Vertrag einbezogene Verhandlungsprotokolle, die Leistungsbeschreibung einschließlich Vorbemerkungen, Besondere Vertragsbedingungen (BVB), Besondere Technische Vertragsbedingungen, Zusätzliche Vertragsbedingungen (ZVB) sowie Zusätzliche technische Vertragsbedingungen (ZTV), Allgemeine Technische Vertragsbedingungen (ATV; identisch mit VOB/C), Allgemeine Vertragsbedingungen für die Ausführung von Bauleistungen (VOB/B) und das Bürgerliche Gesetzbuch (BGB).

12. Über die Regelungen der VOB/B hinausgehende Vertragsstandards von Auftraggebern, welche für alle Bauleistungen, die diese Auftraggeber vergeben, einheitlich sind.

13. Die Besonderen Vertragsbedingungen werden von dem Auftraggeber für den einzelnen Bauvertrag individuell erstellt und sollen den Bedürfnissen des Einzelfalls gerecht werden.

14. Anpassung der Allgemeinen Technischen Vertragsbedingungen durch Auftraggeber um die zum Teil groben technischen Regelungen den eigenen Bedürfnissen anzupassen.
15. Leistungsvertrag, Einheitspreisvertrag, Pauschalvertrag, Selbstkostenerstattungsvertrag (vgl. § 5 VOB/A).

Kapitel 3: Die Ausschreibung

Fragen

1. In welche zwei Formen unterteilt die VOB die Vergabe?
2. Was umfasst die Paketvergabe?
3. Welche Vorteile hat die Einzelgewerkvergabe?
4. Welche Nachteile hat die Einzelgewerkvergabe?
5. Welche Vergabearten auf nationaler Ebene kennt die VOB?
6. In welche zwei Arten wird im Bauwesen grundsätzlich die Leistungsbeschreibung unterschieden?
7. Welche standardisierten Leistungsbeschreibungen finden im Bauwesen Anwendung?
8. Welche Vorteile bietet ein Leistungsverzeichnis für den Auftraggeber?
9. Welche Vorteile bietet ein Leistungsverzeichnis für den Auftragnehmer?
10. Welche Nachteile können durch ein Leistungsverzeichnis für die Beteiligten entstehen?
11. Wie wird eine Ausschreibung mit einem Leistungsprogramm im Bauwesen noch genannt?

12. Was ist der generelle Unterschied zwischen einer Leistungsbeschreibung mit Leistungsverzeichnis (LV) und einer Leistungsbeschreibung mit Leistungsprogramm?
13. Welche Vorteile bietet die Funktionale Leistungsbeschreibung für den Auftraggeber?
14. Welche Vorteile bietet die Funktionale Leistungsbeschreibung für den Auftragnehmer?
15. Welche Nachteile bietet die Funktionale Leistungsbeschreibung für den Auftraggeber?
16. Welche Nachteile bietet die Funktionale Leistungsbeschreibung für den Auftragnehmer?

Antworten

1. Paketvergabe und Einzelgewerkvergabe (vgl. § 4 VOB/A)
2. Sie umfasst die gesamte Bauwerkerstellung oder zumindest fachlich zusammengehörende Teilleistungen.
3. Für alle Beteiligten bekannter eingespielter Prozess. Aufgaben und Pflichten der Beteiligten sind in Regelwerken, Normen und Vorschriften festgeschrieben. Flexibilität: Es können auch während der Ausführung noch Änderungen beantragt werden. Es können einzelne Gewerke Schritt für Schritt an den Genehmigungsprozess angepasst sowie zeitversetzt nach Abschluss der Ausführungsplanung ausgeschrieben und vergeben werden.
4. Beschränkung des Wettbewerbs auf ein Komponentenangebot. Kein Wettbewerb der Ausführungsmethoden oder der Systemintegration. Erheblicher Koordinationsaufwand auf Seiten des Bauherrn.
5. Öffentliche, Beschränkte und Freihändige Vergabe.

6. Leistungsbeschreibung mit Leistungsverzeichnis (LV) und Leistungsbeschreibung mit Leistungsprogramm (LP).
7. Musterleistungsverzeichnisse, Standardleistungsbücher und Standardleistungskataloge.
8. Bessere Einflussmöglichkeit, Preisvergleiche im Detail, Änderungsmöglichkeiten, Angemessenheit der Angebote gut prüfbar, objektive Abrechnung.
9. Mittelstandsförderung, exakte Leistungsdefinition, beste Vorbereitung zur Prüfung der Unterlagen, optimale Bedingungen für die Kalkulation.
10. AG: Aufstell- und Abrechnungsaufwand, AN: Keine Freiheit für Unternehmer Know-how (außer bei Nebenangeboten), Kaum Einflussmöglichkeit auf das Gesamtobjekt.
11. Funktionale Leistungsbeschreibung (Die VOB kennt den Begriff der funktionalen Ausschreibung allerdings nicht).
12. Im Gegensatz zur Ausschreibung mit LV enthält die Funktionalausschreibung nur relativ allgemein gehaltene Formulierungen der zu erbringenden Leistung
13. Verlagerung vieler ihn sonst treffender Risiken, Kostenreduzierung bei Minimierung eigener Leistungen, geringere Aufwendungen für Planungs- und Objektüberwachungshonorare, in der Regel Kostensicherheit durch Pauschalierung des Preises, schnelle und terminsichere Realisierung, geringere Baukosten, geringerer Aufstellungs- und Abrechnungsaufwand, Planungsaufwand geringer, Verantwortungsweitergabe und -konzentration.
14. Möglichkeit der frühzeitigen Beeinflussung des Gesamtobjekts in seinem Sinne, besserer Einsatz der unternehmerischen Erfahrung für spezielle und rationelle Arbeitsmethoden durch Anwendung des eigenen Know-Hows, Koordinierungsvorteile durch Verringerung der Schnittstellen, Konzentration auf Koordination eigener Leistungen und die seiner Nachunternehmer, Freiheit bei Einkauf von Nachunternehmerleistungen und dadurch günsti-

gere Preise, Wettbewerbs- und dadurch Marktvorteile durch gemeinsame Planungs- und Ausführungsleistungen.

15. Möglichkeit der frühzeitigen Beeinflussung des Gesamtobjekts in seinem Sinne, Subunternehmerleistungen durch Auftragnehmer beliebig wählbar, reduzierter Markt, Probleme bei der Leistungsfeststellung, Unklarheiten bei Änderungen durch den Auftraggeber, erschöpfende Beschreibung der Anforderungen schwieriger, Vergleich verschiedener Angebote schwierig bis gar nicht möglich.

16. Planungsaufwand für Auftragnehmer teilweise immens, Erhöhtes Kostenrisiko durch Pauschalierung des Preises.

Kapitel 4: Die Angebote

Fragen

1. Dem Bieter ist welche Mindestzeit in Tagen einzuräumen um das Angebot zu bearbeiten und einzureichen?

2. Welche Personen abhängig ihrer Funktion dürfen während des Submissionstermins zugegen sein?

3. Die Wertung der Angebote erfolgt in der Regel in mehreren Schritten. Benennen Sie diese!

4. Mit welchen Angaben kann der Bieter seine Qualifikation und Zuverlässigkeit nachweisen?

5. Welches für die Bauwirtschaft allgemeines Verfahren zur Bieterqualifikation wird in § 8 VOB/A ausdrücklich genannt.

Antworten

1. Die Angebotsfrist darf (auch bei Dringlichkeit) 10 Kalendertage nicht unterschreiten (vgl. § 18 VOB/A).
2. Neben den Vertretern des AG (Verhandlungsleiter, Protokollführer) dürfen im Anwendungsbereich der VOB/A nur die Bieter und ihre Bevollmächtigten bei der Submission zugegen sein.
3. Formale Prüfung, Prüfung der Bieterqualifikation, Prüfung und Wertung des Preises (vgl. § 25 VOB/A).
4. Angaben zur Zahl der Beschäftigten, die zur Verfügung stehende technische Ausrüstung oder die einzusetzenden Führungskräfte auf der Baustelle, diverse Unbedenklichkeitsbescheinigungen der Finanzbehörde und/oder der Sozialversicherungsträger bzw. ein Auszug aus dem Bundeszentralregister.
5. Eintragung in die allgemein zugängliche Liste des Vereins für die Präqualifikation von Bauunternehmen e.V. (vgl. § 8 Nr. 3 (2) VOB/A)

Kapitel 5: Abschluss des Vergabeverfahrens

Fragen

1. Die Zuschlagsfrist darf höchstens wie viele Kalendertage betragen?
2. Falls etwaige Bieter in Form eines Antrags die Gründe für die Nichtberücksichtigung erfragen, ist diesem innerhalb von wie vielen Kalendertagen Folge zu leisten?
3. Was ist der Sinn eines Vergabevermerks bzw. wofür kann er besonders bedeutsam werden?
4. Unter welchen Bedingungen kann eine Ausschreibung aufgehoben werden?
5. Inwiefern besteht für den Bieter ein Schadenersatzanspruch bei einer Ausschreibungsaufhebung?

Antworten

1. Die Zuschlagsfrist darf höchstens 30 Kalendertage betragen. Eine verlängerte Zuschlagsfrist soll nur in begründeten Fällen festgelegt werden. (vgl. § 19 Nr. 2 VOB/A)

2. Innerhalb von 15 Kalendertagen ist dem Antrag Folge zu leisten und den Bietern ist auch der Name des Auftragnehmers mitzuteilen. (vgl. § 27 Nr. 2 VOB/A)

3. Sinn der Bestimmung zur Erstellung eines Vergabevermerks ist es, auch für die Bewerber und Bieter die Überprüfbarkeit der im Rahmen des Vergabeverfahrens getroffenen Feststellungen und Entscheidungen zu gewährleisten. Darüber hinaus ist der Vergabevermerk nicht zuletzt für die Nachprüfungsstellen und Nachprüfungsbehörden (vgl. §§ 31, 31a und b VOB/A) bedeutsam.

4. wenn kein Angebot eingegangen ist, dass den Ausschreibungsbedingungen entspricht, wenn die Verdingungsunterlagen grundlegend geändert werden müssen, wenn andere schwer wiegende Gründe bestehen. (vgl. § 26 VOB/A)

5. In dem Fall, dass der Auftraggeber nachweislich gegen bieterschützende Vorschriften (vgl. § 2 VOB/A) verstoßen hat und der Bieter bei deren Beachtung eine echte Zuschlagschance hatte. Unter besonderen Umständen besteht sogar Anspruch auf Ersatz des entgangenen Gewinns.

Quellenverzeichnis

[1] **Ax, T.:** (Bau)Leistungen VOB-gerecht beschreiben - Ausschreibungstexte, Nebenangebote und Nachträge rechtssicher gestalten; 1. Auflage; Wiesbaden: Vieweg Verlag, 2003

[2] **Ax, T.**: Risiken im Bauvertrag; Wiesbaden: Vieweg & Sohn Verlag, 2003

[3] **Beck-Texte im dtv (Hrsg.):** Bürgerliches Gesetzbuch; 59., überarbeitete Auflage; München: Deutscher Taschenbuch Verlag GmbH & Co. KG, 2007

[4] **Beutinger E.:** Das Submissionswesen; Leipzig: Scholtze, 1915

[5] **Deutsches Institut für Normung e. V. (DIN) (Hrsg.):** im Auftrage des Deutschen Verdingungsausschusses für Bauleistungen (DVA); VOB aktuell; Ausgabe 1/94

[6] **Deutsches Institut für Normung e. V. (DIN) (Hrsg.):** im Auftrage des Deutschen Verdingungsausschusses für Bauleistungen (DVA); VOB aktuell; Ausgabe 2/95

[7] **Deutsches Institut für Normung e. V. (DIN) (Hrsg.):** im Auftrage des Deutschen Verdingungsausschusses für Bauleistungen (DVA); VOB aktuell; Ausgabe 3/95

[8] **Deutsches Institut für Normung e. V. (DIN) (Hrsg.):** DIN 1960: Vergabe- und Vertragsordnung für Bauleistungen – Teil A: Allgemeine Bestimmungen für die Vergabe von Bauleistungen; Berlin: Beuth Verlag GmbH, Fassung von Mai 2006

[9] **Deutsches Institut für Normung e. V. (DIN) (Hrsg.):** DIN 1961: Vergabe- und Vertragsordnung für Bauleistungen – Teil B: Allgemeine Vertragsbedingungen für die Ausführung von Bauleistungen; Berlin: Beuth Verlag GmbH, Fassung von Oktober 2006

[10] **Dinort G.:** Richtig kalkulieren im Hochbau; 2., überarbeitete Auflage; Köln: Verlagsgesellschaft Rudolf Müller, 1997

[11] **Drees G./Paul W.:** Kalkulation von Baupreisen; 5. Vollständig überarbeitete Auflage; Wiesbaden und Berlin: Bauverlag, 1998

[12] **Friedrich J./Hilmer A./Weiß R.:** Baubetriebslehre – Kosten- und Leistungsrechnung; Bauverfahren;
Augsburg, München: Viewegs Fachbücher der Technik, 1998

[13] **Gandenberger O.:** Die Ausschreibung; Organisierte Konkurrenz um öffentliche Aufträge; Heidelberg: Quelle und Meyer, 1961

[14] **Girmscheid, G.:** Baumanagement der Zukunft – Neue Chancen nutzen oder auf alte Rezepte bauen?; In: Bauingenieur 75 (2000); Sonderheft 75 Jahre Bauingenieur: Rückblick und Ausblick auf die grossen Leistungen und Herausforderungen im Bauingenieurwesen

[15] **Gossow V.:** Schlüsselfertiger Hochbau – Praxisbeispiele, Vertragsmuster, Checklisten; Friedrichsdorf : Vieweg, 2000

[16] **Greiner P./Mayer P.E./Stark K.:** Baubetriebslehre – Projektmanagement; 2. Auflage; Friedrichsdorf: Vieweg, 2002

[17] **Grote, H.:** Kaufmännisches Führen eines Bauträgers und kostensparendes Bauen in Deutschland; 1998

[18] **Hausmann Dr. F. L./ Bultmann Dr. P.F**.: PPP-Vergaberechtsleitfaden der PPP Task Force im BMVBS und der PPP-Task Force NRW;
Berlin und Düsseldorf 2007

[19] **Heiermann W./Riedl R./Rusam M.:** Handkommentar zur VOB Teile A und B; 6., völlig neubearbeitete und erweiterte Auflage;
Wiesbaden und Berlin: Bauverlag, 1992

[20] **Huber, F.C.:** Das Submissionswesen; Tübingen:
Verlag der H. Lauppschen Buchhandlung, 1885

[21] **Ingenstau H./Korbin H.:** Herausgegeben von Prof. Dr. Horst Locher und Prof. Dr. Klaus Vygen; VOB Teile A und B – Kommentar; 15., überarbeitete und erweiterte Auflage; Düsseldorf: Werner Verlag, 2004

[22] **Karl C./Wehling C.:** Vergabe von Bauleistungen; 8. Kapitel im Seminarband zum 3. Essener Baupraxis- Seminar 2000/2001, Forschungsbericht aus dem Fachbereich Bauwesen, Heft 93;
Universität Essen, 2002

[23] **Keil W./Martinsen U./Vahland R./Fricke J.:** Einführung in die Kostenrechnung für Bauingenieure; 9., neu bearbeitete und erweiterte Auflage; Düsseldorf: Werner Verlag, 2001

[24] **Kirsch W.M.:** Das deutsche Verdingungswesen; Stuttgart:
C. E. Poeschel Verlag, 1936

[25] **Kohlhammer (Hrsg.):** Vergabehandbuch für die Durchführung von kommunalen Bauaufgaben in Nordrhein-Westfalen (K VHB NW); 3. Auflage, 4. Lieferung; Deutscher Gemeindeverlag, Fassung von Januar 2007

[26] **Leinemann R.:** Die Vergabe öffentlicher Aufträge; 2., neu bearbeitete und erweiterte Auflage; Köln; Berlin; Bonn; München: Carl Heymanns Verlag, 2001

[27] **Mayrzedt H./Fissenewert H.:** Handbuch Bau-Betriebswirtschaft; Unternehmensstrategien-Prozessmanagement-Betriebswirtschaftliche Funktionen; Düsseldorf: Werner Verlag, 2001

[28] **Mantscheff:** Einführung in die Baubetriebslehre; Teil 2, Baumarkt-Bewertungen – Preisermittlung; Werner Ingenieur Texte, 1982

[29] **Mesenburg, Rechtsanwalt Dr. P.**: Fachzeitschrift „Baugewerbe, Magazin für erfolgreiche Bauunternehmer" Heft 13-14/2008, 110 Bauvertragsrecht

[30] **Plümecke:** Preisermittlung für Bauarbeiten; 25. überarbeitete und erweiterte Auflage; Köln: Verlagsgesellschaft Rudolf Müller GmbH & Co. KG, 2004

[31] **Preißing W.:** Verfahrensgrundlagen Ausschreibung, Vergabe, Abrechnung von Bauleistungen; Stuttgart; Berlin; Köln; Mainz: Kohlhammer, 1988

[32] **Reck D.:** Government Purchasing and Competition; Berkeley, Los Angeles: University of California Press, 1954

[33] **Rösel W./Busch A.:** AVA-Handbuch; Ausschreibung – Vergabe – Abrechnung; 5., vollständig überarbeitete Auflage; Wiesbaden: Vieweg,2004

[34] **Schach R./Sperling W.:** Baukosten – Kostensteuerung in Planung und Ausführung; Berlin Heidelberg: Springer Verlag, 2001

[35] **Trautner W.E.:** Praktiken der Ausschreibung; Mering: Forum-Verl.: Herkert, 1998

[36] Seminarband zum 1. Essener Baupraxis-Seminar 1998/1999; Forschungsbericht aus dem Fachbereich Bauwesen, Heft 84; Universität Essen, 1999

[37] Verordnung über die Vergabe öffentlicher Aufträge (Vergabeverordnung – VgV) in der Fassung der 3. Verordnung zur Änderung der Vergabeverordnung vom 23. Oktober 2006

[38] **Broens, M./Glock, C.:** Die elektronische Vergabe – Funktionsweise, Stand der Entwicklung und Auswirkungen auf kleine und mittlere Unternehmen
www-tmp.wiinf.uni-wuerzburg.de/meck/upload/Downloads/Artikel_eVergabe.pdf

[39] **Düsterdiek B,**: EU-Kommission: Neue EG-Schwellenwerte ab 01. Januar 2008
www.dstgb-vis.de/home/aktuelles_news/aktuell/eu_kommission_neue_eg_schwellenwerte_ab_01_januar_2008/index.html

[40] **Heuser, F.:** Elektronische Auftragsvergabe und Projektmanagement im Bauwesen – Ein allgemeiner Überblick;
www.bauindustrie.de/dyndata/article_00150/Elektronische_Auftragsvergabe.pdf

Anhang I

Details zum Fallbeispiel

Baubeschreibung:

Abbruch
Der vorhandene Dachstuhl über dem Sanitärbereich wird abgetragen

Gründung
Einzelfundamente gemäß Statik

Wände
Porotonmauerwerk

Decken
Filigrandecken bzw. Stahlbetondecken gemäß Statik

Dach
Metalldacheindeckung mit 7% Gefälle ausgebildet

Außenhaut
Wärmedämmverbundsystem, Putzbeschichtung

Fenster
Alu-Fenster mit Wärmeschutzverglasung

Treppen
Innen-Stahlbetontreppe mit Belag aus Naturstein

Außen-Stahltreppe als zweiter Rettungsweg

Sonnenschutz
Außenliegender Sonnenschutz mit waagerechten Lamellen

Ausbau

Sanitäre Anlagen

Die Entsorgung des Schutz- und Regenwassers erfolgt, soweit möglich, über die vorhandenen Entwässerungsanlagen.

Die Trinkwasserversorgung erfolgt über den vorhandenen Anschluss.

Heizung

Die Wärmeversorgung erfolgt über die vorhandene Heizungsanlage. In allen zu beheizenden Räumen des Neubaus sollen Röhrenradiatoren eingebaut werden.

Elektrotechnik

Die elektrische Versorgung des Bereiches erfolgt über die vorhandene Hauptverteilung. Über eine Unterverteilung erfolgen die Absicherung und Installation für den Neubaubereich. Die Aufteilung der Stromkreise wird generell nach Licht- und Steckdosenkreisen getrennt. Beleuchtungstechnisch sind Ein- bzw. Ausbauleuchten vorgesehen. Für den Flur und Treppenraum ist eine Sicherheitsbeleuchtung vorgesehen.

Türen

Stahlzargen mit kunststoffbeschichteten dichtschließenden Türblättern, wo erforderlich werden Brandschutztüren eingebaut.

Bodenbeläge

Allgemein

Schwimmender Estrich auf Decke, bestehend aus einer Trittschalldämmung und einer Druckschicht aus Zementestrich.

Oberbelag

Flur, Garderobe

Fliesen/Feinsteinzeug im Dünnbett verlegt.

Klassenräume

Linoleumbelag

Anhang II

Beispiel – Auftragsschreiben für „Abbruch-Maurer und Betonarbeiten“

Adresse AN:

Absender AG:
Ansprechpartner:
Zimmer-Nr.:
Durchwahl:
Zeichen:
Datum:
Email:

AUFTRAG

Baumaßnahme: **Erweiterung der Grundschule in der Gemeinde XXXXXXXXX**

Bezug: Ihr Angebot vom XX.XX.200X
Anlagen: Zweitausfertigung dieses Auftragsschreibens als Auftragsbestätigung

Sehr geehrte Damen und Herren,

aufgrund Ihres Angebotes erhalten Sie den Auftrag zur Ausführung folgender Arbeiten:

Abbruch-, Maurer- und Betonbarbeiten

Auftragssummer: XXXXXXXX,XX €

Fristen:
Gemäß Nr. 3 der EVM (B) BVB werden die Fristen datumsmäßig festgelegt:
(Sind keine Daten eingetragen, gelten die Nrn. 3.1 bis 3.3 der EVM (B) BVB bzw. Nr. 3 EVM (L) BVB.)

Beginn der Arbeiten: in der X. KW 200X
Fertigstellung: bis zur X. KW 200X
Einzelfristen: ______________________

Bauleitung: ______________________
____

Erläuterungen:

1. Bitte geben Sie die Zweitausfertigung dieses Auftragsschreibens als Empfangsbestätigung unverzüglich unterschrieben zurück.
2. Sicherheiten: Gem. Ziff. 6.2 der BVB
3. Auf die besonderen Regelungen (S.5 der Vorbemerkungen) bzgl. Der Arbeitsausführung während der Unterrichtszeiten weise ich ausdrücklich hin. Der Geräuschentwicklung ist auf das minimal Notwendigste einzuschränken. Radiogeräte sind an der Baustelle verboten. Weitere Einzelanordnungen behalte ich mir ausdrücklich vor.
4. Die Baufristenvorgaben sind ausnahmslos einzuhalten, da der Neubauteil mit Beginn des neuen Schuljahres in der XX. KW in Betrieb genommen wird.

Ich hoffe auf gute Zusammenarbeit und verbleibe
mit freundlichen Grüßen

____________________ ____________________

Bürgermeister Bauamtsleiter

Unterschrift und Datum (Auftragnehmer) - Empfangsbestätigung-

Index

www.ingramcontent.com/pod-product-compliance
Lightning Source LLC
Chambersburg PA
CBHW060310220326
41598CB00027B/4288

* 9 7 8 3 4 8 6 5 8 9 7 4 0 *